¡POBRE PATRIA MÍA!

PANFLETO

Diseño de interior y tapa: Juan Pablo Cambariere

¡POBRE PATRIA MÍA!
Marcos Aguinis

PANFLETO

Editorial Sudamericana

Aguinis, Marcos
    ¡Pobre patria mía! - 1ª ed. - Buenos Aires :
Sudamericana, 2009.
    192 p. ; 23x16 cm. - (Ensayo)

    ISBN 978-950-07-3046-4

    1. Ensayo Argentino. I. Título
    CDD A864

IMPRESO EN LA ARGENTINA

Queda hecho el depósito
que previene la ley 11.723.
© *2009, Editorial Sudamericana S.A.*®
Humberto I 531, Buenos Aires.

© 2009 Marcos Aguinis
c/o Guillermo Schavelzon & Asoc., Agencia Literaria
info@schavelzon.com

www.rhm.com.ar

ISBN 978-950-07-3046-4

Esta edición de 25.000 ejemplares se terminó de imprimir en Encuadernación Araoz S.R.L.,
Avda. San Martín 1265, Ramos Mejía, Buenos Aires, en el mes de marzo de 2009.

¡Pobre patria mía!

Manuel Belgrano

*El verdadero significado de las cosas se encuentra
al decir las mismas cosas con otras palabras.*

Charles Chaplin

Fuimos ricos, cultos, educados y decentes. En unas cuantas décadas nos convertimos en pobres, mal educados y corruptos. ¡Geniales!

La indignación me tritura el cerebro, la ansiedad me arde en las entrañas y enrojece todo el sistema nervioso. Acudo hoy al subgénero del panfleto –eléctrico, insolente, visceral– para decir lo que siento sin tener que poner notas al pie o marear con citas. Lo que quiero transmitir es tan fuerte y claro que debo escupirlo. Al lector que ya me conoce sólo le ruego, como sucedía con los panfletos del siglo XIX, que considere mi voz como la voz de los que no tienen voz. O que, si la tienen, no saben cómo ni adónde transmitirla. No es arrogancia, sino pedir permiso.

Me acosa la furia y quisiera estar sereno. No soy la excepción. Hay bronca, que se ha vuelto generalizada y casi permanente, con pocos intervalos de paz. Cada tanto, en progresión geométrica, retorna la ira con sus bombos y gritos destemplados. No es la solución, ya lo sé. Ni siquiera se parece al horizonte que soñamos. Sólo equivale a la lava que desborda un volcán. Debemos hacer algo, porque la Argentina merece otro destino.

La crisis económica mundial hubiera sido una oportunidad brillante para nuestro país. Si aquí existiesen la (¿ignorada?) seguridad jurídica y el respeto por la propiedad, hubiesen desembarcado caudalosos capitales productivos. Estamos lejos de las regiones en guerra, abundan los recursos materiales, aún siguen siendo buenos los recursos humanos, las diferencias étnicas y religiosas no tienen relevancia. Nuestra patria es excepcional. Y nos ocupamos de depredarla. Criminalmente.

¿Hasta cuándo nos perjudicaremos a nosotros mismos? ¿Hasta cuándo arruinaremos las instituciones y corromperemos al pueblo con distorsiones demagógicas o pseudoideológicas? ¿Hasta cuándo? Deberíamos aullar como perros.

La cólera hierve cuando advertimos que muchos países que ahora son pobres siempre fueron pobres. Pero la Argentina fue rica, muy rica, fue la octava economía mundial, ¡y miren en qué la hemos convertido! Es una extensión decadente, llena de miserias, rencor y pústulas. No sólo fuimos ricos en el producto bruto o el nivel de los salarios, sino en la calidad educativa y la fortaleza de nuestros valores. Acogimos millones de inmigrantes que fueron integrados con dificultades, errores y trampas, es cierto, pero que finalmente se "argentinizaron". Tuvimos éxito.

Nuestro país lucía entonces tres pilares de oro: la cultura del *trabajo*, la cultura del *esfuerzo* y la cultura de la *decencia*. No era el paraíso –no lo es ninguna sociedad humana–, pero mejorábamos de año en año y de década en década. Ahora esos pilares fueron sustituidos por la cultura de la *mendicidad*, del *facilismo* y la *corrupción*.

Antes del golpe de 1930 (todo golpe tiene un período de incubación) empezó el deterioro, influido por ideas estatizantes, colectivistas y finalmente totalitarias. Las ideas que enfermaron a Europa. En 1922 Mussolini tomó el poder en Roma. Por esa misma época lo hizo Stalin en Moscú. En 1923 Hitler protagonizó su *putsch*. Se abría una tragedia de proporciones inéditas.

El camino ascendente y democrático que había empezado la Argentina gracias al Acuerdo de San Nicolás y la Constitución de 1853 –vuelvo a reconocer que fue un camino sinuoso, pavimentado con desviaciones, contramarchas y disparates– se obstruyó hacia los finales de la década de 1920, que fue tan fértil. Empezamos a consolidar las injurias de la "enseñanza patriótica" y a introducir el "nacionalismo católico", afines con la utópica y letal ebriedad europea que llevó al totalitarismo de izquierda y de derecha. ¡Bah!, digamos al totalitarismo simplemente, porque en lo esencial ambos se parecen mucho, aunque hayan hecho tantos desastres para que los creamos opuestos.

El golpe de 1930 fue la profanación extrema de la ley. Luego siguieron otras, cada vez más insolentes. Se abandonó el espléndido camino que iluminaba la antorcha de la Constitución y se trepó a un diarreico tobogán ondulante. Es decir, un tobogán que se desliza siempre hacia abajo, lleno de mugre, pero con breves períodos de mejoría que siempre frustramos, y que frustramos hasta con un júbilo que da vergüenza.

Algunos comparan a nuestro país con una mujer golpeada, llena de hematomas y alteraciones psíquicas. La azotan impuestos nuevos y no disminuyen los impuestos viejos. A través del alto IVA indiscriminado pagan tributo hasta los cartoneros y los excluidos.

Los legisladores no rinden cuentas de sus desaguisados (la mayoría ni siquiera de sus patrimonios) y traiciones burdas ante quienes los eligen, porque la sociedad apenas si conoce a algunos de ellos debido a las listas sábana llenas de pus. Es decir, es falsa de toda falsedad condecorarlos con el atributo de "representantes" del pueblo. Con la excepción de algunas notables personalidades, apenas se representan a sí mismos, porque doblan la rodilla ante el poder de turno. Legislan, negocian y discursean de cara al trono y de espaldas a la gente.

Por eso en la atmósfera quema la arenilla de una cólera que no se sabe de dónde viene ni adónde lleva. El poder nacional, muchos provinciales y hasta varios municipales pocas veces encolumnan hacia las causas buenas. Al contrario, suelen accionar un gigantesco fuelle para que se expandan las llamas de los desencuentros, para que chisporrotee el odio de clase –y de toda clase posible–, que sólo genera más odio y más pobreza. En vez de consensos se hacen explotar disensos. A río revuelto –me repica ese categórico lugar común–, ganancia de pescadores. ¡Cuántos pescadores infames tenemos!

Tengo tanto para decir que no sé por dónde empezar. No quiero transformar este panfleto, que debe ser corto, en un libro largo. Comenzaré por un tema "cacareado pero marginal", como dije muchas veces: la educación. Sin educación no hay buen futuro. Y parece que no nos interesa el futuro, porque la educación es un desastre.

Los historiadores revisionistas, superficiales o ideologizados inyectan ponzoña intravenosa al elogiar los caminos que nos trajeron a la actual ruina. No se acuerdan de que el titán de Sarmiento escribió su libro *La educación popular* cuando aún Rosas estaba en el poder y teníamos un ochenta por ciento de analfabetismo. Quería "formar al ciudadano"; un ciudadano libre, responsable y creativo. Alberdi, otro titán, vio más lejos: "Está bien formar al ciudadano, pero debemos formarlo para el mundo del trabajo, de la producción y de la empresa". ¡Qué actualidad! Ambos eran genios y disfrutaban su discusión, porque se reconocían portadores del fuego que animó a Prometeo. Alberdi nos condujo hacia la Constitución más progresista, liberal y eficiente de

América latina. Sarmiento puso en marcha una larga política de Estado que convirtió a la Argentina en el país más culto del subcontinente.

Ahora largo esta pregunta, que para algunos resultará tilinga: ¿por qué las economías de algunos países crecen más rápido? Ya se sabe que la riqueza de las naciones no consiste en la acumulación de oro y plata, como se creía en los tiempos de Cristóbal Colón. Tampoco se debe al cúmulo de recursos naturales que, si bien valen, no gravitan por sí mismos. Nigeria y el Congo, por ejemplo, desbordan recursos naturales, pero sufren la humillación de una miseria sin fin. En cambio Japón e Israel carecen de recursos naturales y ascendieron a los más altos niveles del progreso. Hasta una isla como Singapur es potencia.

Japón, Israel, Singapur y una extensa lista de países como Australia, Canadá, Irlanda, Nueva Zelanda, Estonia... (cierro el catálogo para no aburrirte) tampoco han crecido por haber desvalijado riquezas naturales de colonias que nunca tuvieron, como había sido el caso de Gran Bretaña, Francia, Bélgica. Su opulencia no es producto de la explotación ni de la plusvalía. ¿De dónde proviene, entonces?

Fácil.

Su riqueza proviene de su obsesiva apuesta a la educación y la investigación, de promover la ciencia y la tecnología. Sin estas herramientas, los más apreciados recursos naturales valen menos que una artesanía defectuosa. Bolivia, pese a sus estatizaciones, discursos altisonantes de soberanía, justas reivindicaciones indigenistas, ha disminuido drásticamente su producción de gas como resultado de ponerla bajo el mando de políticos desinformados o ingenuos, en vez de técnicos provistos de entrenamiento.

En la Argentina el tema educativo fue tratado como un diamante a partir de la segunda mitad del siglo XIX. Ahora es un caramelo de sacarina: no alimenta. Los políticos marean hablando de buenas intenciones. Pero no ponen en marcha mecanismos vigorosos que garanticen un crecimiento de la *excelencia* educativa. ¡Si ni siquiera se habla de la excelencia, si no de paso, para agregarle un brillito a la frase! Nunca se la trata con sinceridad, porque en el fondo se la considera una palabra políticamente incorrecta. La *excelencia* real está prohibida. Sí, prohibida. Porque exige esfuerzo, competencia y premia el mérito, tres ítems que hemos aprendido a detestar. La excelencia es políticamente incorrecta porque quiere uniformar para arriba, no para abajo. Y subir exige esfuerzo, rigor, metodología. Ya olvidamos que el esfuerzo, el rigor y la metodología son virtudes que nos disgustan. No calzan en un país que se la pasa eligiendo dirigentes que prometen regalos, derechos sin obligaciones y facilismo para todo.

Al corrupto facilismo educativo no sólo adhieren muchos estudiantes (perdonables por su inmadurez), sino padres y docentes. ¡Los acuso de ser malos padres y malos docentes! Malditos sean. Por su culpa los buenos alumnos tienen bloqueada la excelencia y nuestra patria está condenada al atraso. Por su culpa sufrimos una irrefutable caída cuyos frutos amargos son la pobreza y la anomia.

La Organización para la Cooperación y el Desarrollo Económico publicó evaluaciones que me hicieron tiritar. Se basan en los exámenes realizados durante el año 2006 a los alumnos de quince años de edad pertenecientes a 57 países. Los resultados fueron una catástrofe para la Argentina. Repito: una catástrofe. En las pruebas de lectura e interpretación de textos, nuestros mimados estudiantes se durmieron en el lejano puesto 53. Quedaron tendidos en el piso, agónicos. Cayeron por debajo de Chile, Uruguay, México, Brasil y Colombia. ¿Qué tal? Aun más grave es que ese nivel resultó inferior al obtenido en la prueba del año 2000. En otras palabras, los discursos cargados de ideología pseudo-progresista, las polémicas estériles de cuerpos docentes y agrupaciones sindicales, las huelgas, las reiteradas tomas de colegios, los cambios de leyes y la profusión de lamentos sólo sirvieron para estar peor.

Pese a estas evidencias, no disminuye la adhesión al facilismo. Qué va. Se lo sigue considerando una conquista. ¿Vivimos en un manicomio? El facilismo es una adicción que ha pervertido a la mayor parte de nuestra sociedad, volviéndola indigna.

Agarrá este ejemplo. Hace años se propuso un examen para los que terminaran el secundario, y de esa forma poder evaluar quiénes estaban en condiciones de ingresar a la universidad. Iba a ser un estímulo para mejorar el decadente secundario, devolviéndole a las universidades la calidad de templos, de sitios a los que se entraba con unción, debidamente capacitados para recibir sus beneficios. ¿Qué pasó con esa iniciativa? Nada. Ganó el facilismo. Muchos torcieron la boca para burlarse. ¿Un examen al final del secundario? ¿Somos idiotas? ¿Poner en evidencia las fallas de los estudiantes? ¿Mostrar los defectos de nuestro sistema educativo? ¡Nunca!

Que todo siga igual. O peor, como está sucediendo.

Chile, en cambio, el vecino con quien compartimos la más larga frontera, aplica estos exámenes desde la década del 60. La Prueba de Selección Universitaria (PSU) es utilizada por todas las universidades para escoger a sus postulantes. De esa forma vigoriza lo aprendido durante toda la educación media. Además, el ingreso a las carreras lo define cada universidad mediante una comparación entre el puntaje que ofrece dicha Prueba y el promedio de las notas. Los resultados de la Prueba se hacen públicos para brindar una información fidedigna sobre la calidad de la enseñanza. Por eso la principal preocupación de los alumnos del último año en Chile es aprobar esa Prueba y no el viaje de egresados. Aquí, en cambio, somos piolas y preferimos decir: "¡Qué malignos son los chilenos con sus estudiantes!"

En síntesis, nuestro facilismo ha logrado que no existan exámenes de evaluación, como en Chile, Brasil y los más ambiciosos países de Europa y Asia. A contramano del mundo, nuestra flamante Ley de

Educación establece el increíble artículo 97, que reza: "La política de difusión de la información sobre los resultados de las evaluaciones resguardará la identidad (...) de los institutos educativos, a fin de evitar cualquier forma de estigmatización".

¡Fantástico! ¡Qué moralidad! ¡Qué modelo! No estigmatizar a los malos, aunque signifique el degüello de los buenos. Prodigioso. Nadie se pregunta algo tan simple como: si ocultamos lo que anda mal, ¿de qué manera lo vamos a corregir?

Las recientes reformas de estatutos efectuadas en las universidades de La Plata y Buenos Aires no contribuyen a la excelencia. ¡Ni en sueños! Son un escándalo porque la ignoran. Ese escándalo no produjo cosquillas en la conciencia nacional, que hipócritamente dice –sólo dice– estar interesada por mejorar la educación. Te doy pruebas adicionales.

En esas reformas se ha vuelto a consagrar el "ingreso libre e irrestricto". Supongo que muchos lectores se asombrarán por mi indignación y dirán que soy un cavernario. Desde luego, un loco que pretende una educación similar a la de Finlandia, Alemania, Nueva Zelanda; al fin de cuentas, hace un siglo no había mucha diferencia. ¿Quiénes equivocaron el rumbo? ¿Ellos o los argentinos? ¿Quiénes deben cambiar? ¿Ellos o nosotros? ¡Una pizca de sinceridad, por favor!

Me odiarán, ya lo sé. Tanto se ha encarnado la mala política que nos parece saludable, normal y hasta ejemplarizadora. Pero no se tiene en cuenta que es arcaica y ridícula. No la adopta ninguna universidad que se respete, cualquiera sea el sistema político dominante. Te invito a mirar un mapamundi. Esa política constituye una grosera claudicación, porque pertenece a las condiciones de otra época. Sostener ahora un ingreso libre e irrestricto es una bufonada, un ataque al estudio y el progreso. Condena nuestras universidades al hazmerreír, al descenso inevitable de su calidad, al despilfarro de sus mínimos recursos. Incontables ingenuos creen que es una conquista. ¡Qué conquista! ¿Es conquista el retroceso? Sólo puede ser motivo de júbilo para los desubicados, desinformados o irresponsables. Hoy en día *todas* las universidades serias exigen pruebas de evaluación. Evaluación no es igual a discriminación, como vocean quienes sólo pretenden igualar para abajo, olvidándose de que abajo están la miseria y la exclusión. Al contrario, esas pruebas funcionan como un desafío que repica en la mente de los jóvenes desde su más tierna edad y les recuerdan que deben esforzarse para salir airosos. Repica también en la mente de los padres, que deben ayudar a sacarle provecho al tiempo y al método. Repica asimismo en la mente de los educadores, que se sienten exigidos por los padres y sus propios alumnos. Todos los motores de la maquinaria se encienden. El ingreso a la universidad funciona como funciona una electrizante competencia deportiva. Aumenta el vigor.

También se insiste en que la enseñanza universitaria debe ser gratuita. Error. Argucia vil. No es gratuita: ¡paga la sociedad! El estudiante aprovecha que otros pagan por él. Muy piola. Muchos universitarios que defienden la enseñanza "gratuita" hicieron su ciclo primario y secundario en instituciones donde pagaron cifras importantes. ¿Por qué no tienen que pagar en la universidad pública? Sus aportes mejorarían los salarios docentes, contribuirían con la restauración de los edificios, ayudarían a adquirir equipamientos modernos, mejores librerías y hemerotecas. Además, se podrían crear becas para los jóvenes que de veras quieren estudiar y de veras no puedan pagar un arancel. ¿A esa gratuidad indiscriminada la llamamos justicia? ¿Que no paguen los que pueden y no estudien los que de veras no pueden pagar?

Uno de los tantos datos que desenmascaran a los nenes de papá enardecidos por una gratuidad que no les corresponde es el espectáculo que ofrecieron ante la Facultad de Ciencias Económicas de la UBA al finalizar las clases de 2008. Ocuparon la vereda, obstruyeron la entrada al subte, cerraron dos carriles de la avenida Córdoba y enloquecieron el tránsito para desplegar una original diversión: tirarse comida unos a otros. ¡Comida! Buena comida. Volaron sándwiches, panchos, frutas, tortas, facturas y gaseosas. Mientras hay gente que padece hambre, estos estudiantes, que se benefician con el ingreso irrestricto y la permanencia gratis y hasta crónica, dieron una muestra de la hipocresía e insolidaridad que anida en sus corazones.

Causan tedio los discursos hipócritas sobre "inclusión social y equidad en la distribución del ingreso", porque esos discursos esquivan señalar que ambos objetivos no serán alcanzados ni por asomo mientras el campo educativo sea un yermo erosionado por la demagogia, la carencia de visión, los intereses mezquinos y una inercia social cómplice. El verdadero crecimiento económico, en cambio, significa más inclusión y equidad. Mejores salarios son impensables con "gratuidad", poca productividad y tecnología atrasada. Los países exitosos privilegian la excelencia (la excelencia –insisto–, esa palabra políticamente incorrecta), el trabajo tenaz y la investigación seria. Los argentinos, en cambio –¡es desesperante!–, callamos la odiada excelencia, consideramos una maldición el trabajo tenaz y un hobby secundario la investigación seria, que se realiza por cuentagotas.

La deserción de las universidades públicas "gratuitas" supera el ochenta por ciento. Los que se van porque no saben, no pueden o no quieren estudiar, lo hacen después de rascarse el ombligo durante años y parten sin decir siquiera gracias. Total, paga la sociedad ciega, incluidos los villeros y cartoneros. ¡Bandidos!

Además, en la secundaria no se estimulan vocaciones hacia las ciencias duras ni hacia la tecnología. Por eso las universidades han quedado enterradas en tradiciones viejas y escolásticas, que son las más baratas. Me alteró enterarme que de cada cien abogados, hay apenas dos graduados en matemática y uno en física. Es una proporción alarmante, si nos comparamos con China e India solamente. Los alumnos de ciencias agropecuarias, química e ingeniería de las universidades públicas no llegan al diez por ciento... ¡del total! Leíste bien. Y en las privadas es peor aún, porque no alcanzan ni el tres por ciento. En la Argentina –pensar que antes merecíamos admiración– se gradúan menos ingenieros que en México, Colombia, Chile y Brasil.

La tragedia se completa con el hecho de que la educación no es el tema de uno o varios ministerios, ni de los "representantes del pueblo", ni de los expertos en pedagogía, sino de sindicalistas y patotas que brindan un patológico ejemplo que luego, con luz verde, bombos y consignas necias, adoptan los alumnos. Entonces "toman" colegios, exigen mejoras edilicias por las depredaciones que ellos mismos cometen y se arrogan el derecho a definir la currícula, designar autoridades y hasta autocalificarse. ¿Pruebas al canto? Aquí van.

En diciembre del año pasado se hundió aun más el otrora prestigioso colegio Carlos Pellegrini. Una minoría de estudiantes y padres responsables llegaron a la conclusión de que no valía la pena ingresar en sus claustros. Se produjo entonces una reducción de candidatos, que marcaba un contraste notable con otros colegios. ¿La culpa de tal situación? ¿Difícil de identificar? No, la culpa la tienen una mayoría de estudiantes, en complicidad con padres bobos que los acompañaron en sus fechorías.

Transgredieron los límites, y eso se paga. Recordemos. En 2007 el Centro de Estudiantes del Pellegrini, atribuyéndose una experiencia, sabiduría y poder que no corresponde a la edad de sus miembros, con el desembozado estímulo político del Polo Obrero, rechazó al rector que había designado el Consejo Superior de la Universidad de Buenos Aires. Este Consejo Superior merece otras críticas, pero no voy a desviarme ahora del tema. El hecho es que estudiantes y docentes impidieron la entrada del nuevo rector. No les alcanzó con obstruir la puerta, sino que "tomaron" el edificio. Tomaron: palabra que en argentino básico quiere decir que se apropiaron de un inmueble que no es de ellos, sino de la sociedad. El edificio se construyó con los dineros del pueblo y el pueblo lo mantiene. Por lo tanto, es un bien de todos, no de quienes lo disfrutan transitoriamente. Allí los docentes y estudiantes realizan sus tareas sin pagar, hecho que debería generarles un poco de gratitud en el alma. Pero no. Se apropiaron, lo "tomaron". Esas "tomas" sólo se justificarían si faltasen los instrumentos de la ley, el diálogo y la democracia. Pero, si bien nuestra democracia es débil, aún es democracia.

Fue inevitable que se produjesen daños materiales cuya reparación ni en sueños pagarían los precoces delincuentes. Esa "toma" ilegal y extorsiva contó con el respaldo de muchos padres; éstos acudieron solícitos a llevar comida y abrigo a sus hijos, que canjeaban horas de estudio por horas dedicadas a divertirse como los piratas.

Se perdieron numerosos días de clase, desde luego. La interrupción, sin embargo, no alarmó a gran parte de los padres ni a los docentes. No conformes, los mocosos (¿o debo llamarlos jóvenes respetables?) irrumpieron en las sesiones del Consejo Superior de la universidad como si fuesen asaltantes. Eran adolescentes que nadie se atrevió a poner en su lugar. Las autoridades académicas, el Ministerio de Educación y la policía –políticamente correctos– no iban a cometer el pecado de reprimir a los chicos llenos de buenas intenciones... ¿Dónde estaríamos?

Ante la grotesca pulseada hubo que ceder. ¿Quién lo hizo? El Consejo Superior. Es decir, ganó el que más presionó o asustó, como en la selva. Se firmó un acuerdo para terminar con la "toma" del edificio. ¡Un acuerdo! Asumió entonces el rector que había sido la causa del desaguisado. Pero por breve tiempo. No agradó su gestión y se repitió la fascinante "toma" del edificio. Total, como no hubo sanciones por la jugada anterior, ¿qué impedía volver a divertirse?

El clima se caldeó cuando el frente de izquierda perdió las elecciones estudiantiles frente a una lista kirchnerista. La lucha política de los adolescentes puede ser muy interesante, pero no debería obstaculizar el fluir del ciclo lectivo, pienso yo. En nuestra pobre patria –si las cosas llegaran a mejorar– esas luchas estériles serán dentro de algunos años anécdotas tristes, anécdotas de una época confundida, patética. Pero mientras tanto son hechos que imponen el derrumbe educativo. ¿Se resignó la izquierda (o lo que aquí aún llamamos izquierda)? De ningún modo. Apeló a una técnica repugnante: amenazar con bombas. Sí, con bombas. Realizaron 64 amenazas de bomba que obligaron a suspender las clases casi todos los días. Ante semejante anarquía, renunció el rector. Bravo.

Durante el año 2008 el clima fue más pacífico, como si el caos y sus patógenos detritos ya hubieran sido suficientes. Pero la energía no se encaminó a buscar la despreciada excelencia. No, nunca. Se intensificaron los conflictos dentro de los claustros docentes por razones que no es fácil determinar. Malograron tiempo y fuerza, porque sus ímprobas ansiedades no arrojaron una sola semilla que beneficiara a los alumnos, a los mismos docentes o al país. Un sindicato de profesores peleó con el otro, produciendo escombros en la mente. La UTE, adherida a CTERA, contra la AGD dominada por el Polo Obrero. ¡Vaya épica tan maravillosa!

¿Tiene el frente gremial credenciales morales para encabezar los reclamos urgentes de la educación? Cierto día desplegaron una inmensa bandera que pasearon por todo el país en contra de la Ley Federal. Estupendo. Pero pronto se sometieron a esa ley para no enojar al gobierno justicialista de turno y redujeron su pedido a la "recomposición salarial". No pidieron disculpas por los días de huelga ni ofrecieron alternativas para compensar el daño infligido a los alumnos. No insisten en ser respetados por los padres y los alumnos ni ofrecen un plan que los haga merecedores de ese respeto, al que ellos mismos contribuyen a destruir con su pésima ejemplaridad (advierto que hay excepciones, pero son las excepciones que confirman la regla).

Ahora los colegios tienen que poner en funcionamiento un nuevo engendro: el Consejo de Escuela Resolutivo, que acompañará y condicionará la gestión del rector, con la participación de docentes, mocosos y graduados. Por cierto que la elección de quienes ejercerán esos cargos no estuvo orientada por el amor al estudio o la investigación, sino por la política. Digámoslo mejor: la política mezquina, de bajo vuelo. Ambiciones que tanto se parecen al bíblico y miserable plato de lentejas.

El Ministerio de Educación nacional, que no tiene casi nada que hacer para ejecutar su presupuesto, porque no es responsable de ningún establecimiento, iba a iniciar una ronda de consultas para frenar la caída de la escuela secundaria. ¡Qué buena idea! Pero convocó a las mismas gastadas figuras que sancionaron las leyes de 1993 y 2006, ambas monstruosas por lo inoperantes. La segunda sólo le gana a la primera en el número de artículos.

Ante tanta basura Nélida Baigorria –a quien la Unesco premió por el Plan Nacional de Alfabetización– descubre un fulgor de esperanza. Señala que el 9 de diciembre de 2008 un grupo de alumnos que estaban por terminar quinto año hablaron sobre su situación y la calificaron de agónica. Reconocieron el deterioro de la enseñanza, considerando que el docente no es un par del alumno. ¡Lo dijeron estudiantes! Eso sí que es noticia. Se lamentaron de que cada vez los chicos desaprueban más, de que existía una desidia muy riesgosa y los padres no cumplían su delicado rol. En cuanto a la sustancia curricular, denunciaron que faltaba el pensamiento crítico y no se enseñaba a pensar.

Gracias, Nélida. Me has informado sobre un grito potente contra la mediocridad y la desestructuración de la enseñanza. Ayuda a no bajar los brazos. Aún la esperanza, pese a todo, debe seguir latiendo.

Otra buena noticia es que la Universidad de Buenos Aires decidió –¡por fin!– modificar los planes de estudio, exámenes y calificaciones de los cursos de ingreso para sus dos colegios secundarios. Veremos hasta dónde les alcanza la testosterona.

Vamos a otro tema.

Hacia fin del año 2008 se estatizaron –contra la voluntad de sus dueños– millones de pesos ahorrados (y heredables) que una multitud de argentinos había acumulado durante casi tres lustros, en un sistema financiero que era exitoso en tanto el gobierno no se metía a ordenarle comprar, por ejemplo, bonos devaluados. El argumento oficialista se basaba en que el Estado administraría mejor esos fondos y brindaría jubilaciones más altas, un argumento que, para gente con algo de memoria, suena a la burla que se hace a los tarados.

Cuando surgieron sospechas de que esa estatización podría tener consecuencias graves para todos, porque una parte del dinero arrebatado sería confiscada en el exterior debido a reiterados incumplimientos gubernamentales, se afirmó desde el mismo Estado que no se trataba de una "estatización", sino de un "gerenciamiento". ¿Gerenciamiento? Mejor se diga que nos mintieron en forma descarada. Sin sonrojos. Sin titubeo, como si fuésemos un chiquero de giles. Pero, acaso, ¿no lo somos?

Afuera no se tragaron el sapo, por supuesto. Robert Lucas, Premio Nobel de Economía, manifestó que esa medida equivalía a "robarle el dinero a la gente". "Eso no se espera de un gobierno que dice ayudar a sus ciudadanos", dijo, y agregó un párrafo elemental: "El proyecto gubernamental argentino de repatriar capitales no tendrá éxito después de semejante manotazo. La Argentina no es un sitio recomendable para quienes buscan seguridad". Un periodista añadió que la Argentina se despedía del mundo. Era cierto. Se aceleró la fuga de capitales, en vez de que llegasen nuevos y viejos a nuestra tierra, como se necesita y pretende (ahora). Pocas veces se hizo tanto daño a un país.

Es deprimente. Porque las desgracias no terminan ahí. Esa confiscación, que ardió en la piel como un ataque de urticaria, pronto fue alejada de las primeras páginas informativas y se achicharró hasta casi desaparecer. ¡Así nos ocurre siempre! Una cortina de humo tapa a la cortina anterior. Otro olvido en la larga lista de olvidos.

En el fragor del debate, sin embargo, hubo reflexiones que debemos tener en cuenta, como las del diputado Omar de Marchi, entre otros. Dijo que esta ley expropiatoria ponía en juego la independencia del "bendito" Poder Legislativo (¡chocolate por la noticia!). Una vez más el Ejecutivo, con apuro e improvisación, pretendía corrernos para capturar muchos millones. La voceada ideología de esta gestión "es plata –dijo–, para mantener un sistema prebendario que se basa en el sometimiento". Y más: "¿Hasta cuándo nos van a seguir arreando? ¿Es serio que en quince días alumbraremos un sistema previsional que tal vez rija durante los próximos cincuenta años?" No, no es serio –agrego yo–. Es trágico.

Un buen número de los que iban a votar en favor del saqueo por razones ideológicas "al oído confiesan que el tema merece una discusión más profunda. ¡Pero lo dicen en los pasillos de atrás!". "En el Congreso predomina una corte de adulones que, sesión tras sesión, corren desesperados para agradar a la reina."

Se usan argumentos de izquierda para incautar aportes privados que pagarán una de las fiestas más caras que ha tenido este país en las últimas décadas. A los diez millones de argentinos confiscados (más votos de los que sacó la actual Presidenta) "quiero decirles –ironizó el diputado– que les queda la resignación de saber, aunque sea, que están colaborando con la próxima campaña de los Kirchner...".

Desde el trono se había acusado de "usureros" a quienes ahorraban en las AFJP. ¡Qué caraduras! ¿Usureros porque eran previsores respecto a su propia ancianidad? Los llamó usureros quien menos podía hablar, porque tiene un apellido que en *La Patagonia rebelde* de Osvaldo Bayer se destaca por ejercer precisamente esa profesión en Santa Cruz.

Agrego una nota de color fecal: ciertos legisladores confesaron que, por fijaciones ideológicas, acordaban ponerle fin al régimen de capitalización privada, pero a condición de que el Estado sea mejor controlado. ¿Estaban ebrios? ¿Cuándo se conseguirá que nuestro Estado funcione bajo un control eficaz? ¿Alguna vez los dineros jubilatorios fueron respetados si aparecían otras urgencias? La historia de meter las pezuñas en la plata de los jubilados excede las seis décadas de impunidad. Esos legisladores denunciaban con énfasis que el gobierno quería aumentar su *Kaja* con los ahorros del pueblo, pero no denunciaban que lo hacía mediante la ilegal apropiación del dinero ciudadano. No denunciaban que se perpetraba el delito de deshonrar la propiedad privada, que el artículo 17 de nuestra Constitución califica de inviolable. Querían diferenciarse del oficialismo por ser estatistas "buenos", mientras los K son estatistas "malos". Algo análogo a lo ocurrido con el campo: debatían el monto de la expropiación, no la expropiación misma. No han leído la Constitución. O están contra la Constitución, vaya uno a saber.

Poco tiempo después, la misma Presidenta se ocupó de aclarar –sin darse cuenta, porque habla tanto que no logra medir el alcance de sus palabras– algo espantoso. Dijo en forma elíptica que no había saqueado las AFJP para beneficiar a los ahorristas (mentira inicial), sino para tener con qué hacer frente a otros compromisos. No agregó algo obvio: que esa expropiación convertía a la ANSES en una suerte de Banco Nacional de Desarrollo, un banco –esto sí fue anunciado– que prestará sus recursos mal habidos a un once por ciento anual para que algunos cambien el auto o adquieran electrodomésticos. ¿Adónde nos quieren llevar? Hubiese sido mejor, si se pensase con patriotismo, dejar en paz a los aportantes de las AFJP (que el Estado debía auditar mejor, para eso está), y que pudieran seguir renovando los plazos fijos bancarios que les pagaban una buena tasa de interés. De ese modo se hubiese evitado otra fractura a la despedazada confiablidad que caracteriza a nuestro país.

Sigo. La eliminación forzosa de las AFJP significó que, de modo indirecto, muchas empresas pasaran a ser propiedad parcial del Estado. Un regalo de Navidad. Esas empresas dejarán de esmerarse en ser rentables por una razón muy simple: girarán su prioridad hacia donde casi siempre se ha orientado el "eficiente" Estado argentino, para practicar la corrupción insaciable y llenarse de burócratas a los que ahora denominamos "ñoquis" gracias al perfeccionamiento de la lengua.

El Estado argentino no tendría que funcionar como funciona. Opino que tiene obligaciones indelegables. Opino que debería contribuir de forma decisiva a la equidad y el progreso. Pero en nuestro vapuleado país se volvió normal que el Estado se comporte de manera irresponsable, tendenciosa y arbitraria. No representa a la sociedad, sino a quienes empuñan el timón del gobierno. Cuando decimos "lo público" o "Estado", dejamos de tener en cuenta que entre nosotros "Estado" significa "gobierno", y gobierno significa las personas que lo usufructan, incluida desde luego la legión de Brancaleone compuesta por obsecuentes, amigos, socios y testaferros. Ahora y antes.

Morder el corazón de muchas empresas mediante la confiscación de las AFJP implica un acto de vampirismo que generará un gran costo público. Las empresas no funcionan solas ni garantizan ganancias. Pueden sufrir caídas como resultado de una mala gestión, que probablemente ocurrirá, porque no hay gestión estatal argentina que rinda jugosos frutos, sino cargas, desvíos y maniobras ilícitas. ¿No lo sabemos? ¿Quién pagará? La sociedad, claro. Siempre. La sociedad manipulada y embrutecida. En otras palabras, un asco.

Además, se ha creado un Frankenstein. Es evidente. El titular de la ANSES maneja ahora 130.000 millones de pesos más. Por favor, releé esa cifra. Un Himalaya de dinero. Insisto en que se ha convertido en el mayor banco del país, sin controles siquiera del Banco Central y con una discrecionalidad para usar sus fondos que envidiaría Luis XIV. ¿Esto nos hacía falta? ¿Esto disminuirá la pobreza, mejorará la educación y la salud, incentivará el progreso? No se publica información sobre el estado actual de los fondos y tampoco funcionan las comisiones de control que establecía la ley.

Me queda un parrafito.

Dije que desde la mitad del siglo XX se convirtió en algo aceptable que el Estado argentino (honesto, confiable, diáfano...) meta las uñas en el dinero de los jubilados para tapar agujeros de cualquier naturaleza. Más grave y grotesco: fueron robados con el apoyo de ideologías que proclaman su opción por los pobres. Ahora los jubilados han quedado más inermes que nunca. Para colmo, son objeto de burla. La Presidenta, con una sonrisa, dijo en diciembre de 2008: "Quiero anunciar para este fin de año, como una especie de reconocimiento, una suerte de premio para estos hombres y mujeres que tanto hicieron por este país, una suma fija de doscientos pesos por única vez, para todos los jubilados". Los salames y zalameros que la rodeaban aplaudieron frenéticos. Ella prosiguió con datos que revelaban su solidez en matemáticas: "Este ingreso extra significa un 29 por ciento para el 76 por ciento de los jubilados, y del 21 por ciento para el 86 por ciento de la clase pasiva". ¿No era una cachetada? Los jubilados no necesitan limosnas, sino que se les pague la suma que les corresponde por ley: *un 82 por ciento móvil, de acuerdo a lo determinado por la Corte Suprema de Justicia de la Nación.* Pero el Congreso y el Ejecutivo miran para otro lado y se tapan las orejas. En lugar de ese 82 por ciento móvil, se los quiere seducir con un regalo de morondanga, y por única vez.

Una de las muchas reacciones que mereció este regalo fue firmada por Celso Araujo en una carta de lectores del diario *La Nación*: "Después del anuncio de la señora Presidenta, como jubilado aportante, me siento como un perro al que le tiran un hueso para que no ladre mientras se llevan las vacas".

Los gobiernos deberían intentar que aumente la confianza de sus ciudadanos para que no fuguen al exterior ahorros y capitales. Sobre este punto no me cansaré de machacar, porque hace más de medio siglo que aumenta la tendencia a mandar dinero al exterior: nadie confía en el respeto que aquí se brinda a la propiedad privada. Lo hizo el mismo Kirchner cuando fue gobernador de Santa Cruz, y hoy no parece dispuesto a repatriar los centenares de millones dólares que giró hacia un periplo mundial del que no rinde información clara (ni turbia siquiera) pese a denuncias insistentes y la actitud innoble de fiscales y jueces que no se atreven a enfrentarlo. Para colmo, él y su mujer gritan que los argentinos sean patriotas y traigan de vuelta sus dineros. El dinero de los giles, no el de ellos, que de giles no tienen nada.

Como escribió Javier González Fraga: "El gobierno tiene un discurso progresista, pero una gestión muy regresiva que favorece a los que más tienen. Por eso se explica que la pobreza esté aumentando, y que también surjan o aumenten fortunas en sectores fuertemente regulados como el petróleo, el juego y las obras públicas".

Al empezar la actual crisis financiera mundial muchos argentinos quisieron repatriar sus ahorros y hasta sus joyas. Pero el manotazo a las AFJP los detuvo en seco. Se preguntan: ya que estamos, ¿por qué no estatizarían (perdón: "administrarían") también los plazos fijos? ¿Por qué no se procedería de igual forma con nuestros autos, o motos, a los que el Estado mantendría más limpios, con un service periódico a cargo de simpáticos ñoquis? Los seguros pertenecerían a compañías del Estado, también llenas de funcionarios y abnegados ñoquis. Los autos y las motos serían permutados cuando los precios convengan más, con agencias también estatales, a cargo de otros buenos individuos. Todos los vehículos pasarían a ser propiedad del Estado y nos quitaríamos el dolor de cabeza de tener que cuidarlos. De esa forma, por vías múltiples, aumentaría el volumen de la *Kaja*, que tantos beneficios aporta al país.

También nuestras viviendas deberían ser estatizadas (otra vez me equivoco: "administradas"): el Estado las pintaría, alquilaría en nuestra ausencia, arreglaría sus desperfectos apenas se produzcan y protegería mejor que el mejor de los encargados.

No debería faltar, desde luego, para mantener la coherencia, transferir al Estado las frágiles cajas de seguridad porque, ¿dónde habría una inmunidad superior a la de un Estado como el argentino, tan lleno de virtudes?

No olvidemos que nos referimos al "Estado". Es decir, el Estado que nos pretenden hacer creer –hacer creer– que no es sólo el gobierno, ni el matrimonio presidencial, ni su (¿*camelotiana*?) Mesa Redonda de amigos. Nooooo. Es un Estado insomne que se ocupa por el bienestar de los ciudadanos y una ecuánime redistribución del ingreso.

Ironías aparte, vuelvo a decir que el Estado es imprescindible. Pero su función consiste en poner límites a la voracidad del poder, a las frecuentes injusticias, a los desvíos de la legalidad, a los fraudes. El Estado no debe ser ni el Ogro Filantrópico que describió Octavio Paz, ni el monstruo totalitario que imponen las dictaduras. Ni grande ni chico: eficaz. Por desgracia, muchos no aprendieron las nefandas lecciones que nos han dejado modelos de un Estado criminal y depredador como los hubo y los hay para elegir. Para muchos no han servido aún los 72 años del régimen imperial bolche, los 50 años de la infortunada Cuba, los 36 años de los famélicos españoles dominados por Franco, los 21 años de los arrogantes fascistas alentados por Mussolini y los 12 años de la opresión estatista nazi en Europa continental. Agrego el sufrimiento de China, Vietnam, Camboya, Corea del Norte, Europa oriental y las numerosas dictaduras de derecha e izquierda, chorreantes de sangre, en América latina, África y Asia, entre las que tenemos a la Argentina con ejemplos de autoritarismo, *dictablanda* y dictadura, que algunos ni se atreven a denunciar, menos cuando ejercen el poder. Pueblos enteros fueron víctimas de Estados en apariencia bienintencionados, pero idénticos en su voracidad recaudadora, centralizadora, oligárquica, monopolizadora, dirigista, burocrática, despótica, insensible, cruel y gastadora irrefrenable de lo que no produce o produce mal.

B orges afirmó que los peronistas no son buenos ni malos, sino incorregibles. Esa característica, por lógica extensión, ahora corresponde a los argentinos en su conjunto que, si bien no son todos peronistas, cuánto se les parecen (en materia de defectos). Duele, pero es así. La gravitación peronista ha sido permanente desde los años 40. No lo digo por masoquismo ni desprecio, sino con pena, porque sobran credenciales para merecer una paliza. Braceamos sobre las olas sin ver el horizonte, con la fantasía de reencontrar el paraíso perdido. Insistimos en actitudes propias de una maciza irresponsabilidad. Hasta podríamos decir que bordeamos el crimen perpetuo. ¿Ejemplos? ¡A montones!

En lugar de resolver el estigma de las villas miseria (también llamadas "de emergencia", pero es una emergencia crónica, como todas las emergencias nacionales), se las estimula a crecer en los lugares donde el oficialismo recauda menos votos, para torcer hacia su lado el fiel de la balanza. Sería como inyectar más microbios a la infección. Un cálculo aproximado informa que la población de las villas en la Capital Federal aumentó en más de 50.000 personas durante el año 2008. Y esto ha ocurrido con un gobierno nacional que se dice "progresista".

Hacia fines de 2008, el 19 de noviembre, un piquete bloqueó la autopista Illia provocando un caos monumental que afectó a millones de ciudadanos. Los argentinos estamos en guerra contra los argentinos. Civiles contra civiles. Pero fue también una ilustración de los palos que el ex presidente Néstor quiere meter en la rueda del jefe de Gobierno de la Ciudad, que no pertenece a su elenco, para impedirle un crecimiento político. En lugar de contribuir a resolver los onerosos problemas que sufren los habitantes de esos asentamientos ilegales y los ciudadanos que los rodean, el Ejecutivo nacional se siente feliz cuando empeoran.

Agrego otros datos, porque el conflicto alcanzó ribetes increíbles. Un informe secreto de la Policía Federal, redactado a las cinco de la madrugada del mismo 19, consignaba que la autopista Illia iba a ser objeto de un corte total por parte de "organizaciones sociales" (es decir políticas, en buena medida compradas por el gobierno mediante sus famosos subsidios). ¿Qué hizo la policía? Nada. Como depende del gobierno nacional, no hizo nada. Una fiscal ordenó entonces que se libere la zona. "Puede haber muertos", le contestaron. "No debe haber muertos", replicó la fiscal, que no pedía represión, sino dejar abierta una franja para que el tránsito no quedase completamente interrumpido. Los patrulleros, en lugar de realizar esa tarea, se dedicaron a trasladar manifestantes de la villa hasta la sede del gobierno capitalino, para que metan bulla y de esa forma den más resonancia al conflicto. El bloqueo de la gruesa arteria duró nueve horas y fue uno de los más largos e irritantes sucedidos en un lugar céntrico. Millones de ciudadanos maldijeron a los habitantes de la villa, con ganas de comerlos crudos. Esta situación genera un vendaval de odio. Y el odio, sabemos, sólo engendra más odio.

Pero los habitantes encajonados en villas de emergencia no son los culpables. Muchos tuvieron la valentía de denunciar presiones políticas. Dijeron que les apretaban el pescuezo para que sumasen su apoyo al corte de la ruta. Joaquín Morales Solá se preguntó unos días después: ¿la policía necesita orden previa de una fiscal para hacer frente a un delito? ¿La policía necesita la orden de un fiscal para detener a un ladrón que roba delante de sus narices? Bueno, aquí es así.

A fines de diciembre un paro convocado por los gremios de las seis líneas de subte provocó graves demoras. Muchos eligieron entonces ir al centro con sus autos. Los colectivos sufrieron un exceso de demanda y las calles se convirtieron en una pesadilla. A este engorro se añadieron varias marchas de piqueteros. Los piqueteros han asumido –ante el consentimiento oficial– que son propietarios del espacio público, en especial las avenidas. Como de costumbre, enarbolaban sus palos de combate y mantenían cubierto el rostro, como los bandidos.

Lo notable fue que la medida de fuerza implementada por empleados de los subtes se hacía para oponerse a las elecciones convocadas por su sindicato. Es decir, se trataba de un problema interno que debía padecer toda la ciudadanía. Es cosa de locos, pero lo vivimos como normal. Los mismos delegados que impusieron la huelga habían protagonizado el día anterior incidentes en varias estaciones desde la mañana temprano. Hasta Hugo Moyano, jefe de la CGT, calificó de "lamentable" la huelga. Pero, desde luego, los opositores dicen que Moyano es amigo de quien iba a ser favorecido en las elecciones. Hasta la viceministra de Trabajo se animó a expresar que "el derecho de huelga no es para estas cosas" y reconoció que se perjudicó a por lo menos un millón de ciudadanos. Para completar la escenografía hubo quema de neumáticos en la avenida 9 de Julio y columnas de artesanos se dirigieron al Congreso. Varias avenidas fueron cerradas por piquetes que enarbolaban consignas tan nobles como "El hambre es un crimen". Sí, el hambre es un crimen, pero ¿quién se podía fijar en esa frase cuando los oídos de la gente ya habían sido taponados por los bombos y la cólera generalizada? ¿Cerrando avenidas y llenando de desesperación a la gente se combate el hambre? El asombro no tiene límites cuando este pandemonio, como si fuera una macabra ceremonia, cerró con fuegos artificiales. No exagero: con fuegos artificiales. Somos un espectáculo que hubiera reventado de envidia a Nerón. Algunos, además, exigían "una Constitución social" (sin explicitar cómo generará riqueza), asignación universal a todos los hijos menores de dieciocho años (que la *Kaja* no dará), un aumento de emergencia a los jubilados (que tampoco entregará la *Kaja*) y que haya una prohibición compulsiva de los despidos.

En ese día agitado y grotesco no fue sembrada una sola semilla que dé fruto. Sólo crecieron el odio, la impotencia y la ilusión de los más alienados. Se agrandó nuestro propio sepulcro. Somos incorregibles, Borges, incorregibles.

Cada vez que regreso de un viaje al extranjero, alguien me pregunta: "¿Qué opinan de nosotros?" Existe ansiedad por obtener la aprobación ajena, como si fuésemos conscientes de la culpa que arrastramos por haber corrompido el presente argentino. Mi respuesta, hace años, trataba de reflejar los conceptos que habían llegado a mis oídos. Ahora ya no debo esforzarme. Contesto sin anestesia: "¿Creés que opinan mal? ¡No te hagas ilusiones! Ni siquiera mal: ya no hablan de nosotros".

Por obra de obstinados desatinos empezó una desconfianza cada vez más pedregosa, luego se instaló el desprecio y, por último, caímos en la irrelevancia. La grande y bella Argentina, la Canaán de la leche y la miel a la que había cantado Rubén Darío, el milagro latinoamericano que en medio siglo había pasado de ser el país más despoblado, miserable y analfabeto del continente al más opulento y promisorio, es ahora un cúmulo de anomia, resentimiento e impotencia. Muchos lo saben. Muchos nos han sacado del mapamundi.

¿Saldremos adelante? Yo no pierdo la esperanza, por eso escribo. Por eso trato de conectarme con vos, alguien a quien tal vez no conozca, pero que sufre y quiere un real cambio para bien de todos.

Me siento expresado por Cioran cuando dice que "sólo creo en los libros que expresan el estado de ánimo de quien escribe, y que manifiestan la necesidad profunda de liberarse de algo". "Cada uno de mis escritos –agrega– es una victoria sobre el desánimo. Mis libros tienen varios defectos, pero no están fabricados, sino escritos con toda pasión."

Apasionado, pues, tecleo mi computadora en este momento para compartir con vos mi tristeza y mi anhelo de un progreso verdadero, pacífico y dichoso. Nuestra patria podría haber sido ejemplar, de no haberse extraviado en el dédalo de la sucia demagogia y un populismo que maquilla sus versiones llenas de trampas. ¡No callemos, y no nos resignemos, y no dejemos de participar! Tantas han sido las frustraciones que se expande la tendencia a bajar los brazos. ¡No! Países que estaban peor han salido de su agonía o letargo o estado de coma. Pero tengamos en cuenta algo elemental redactado por Einstein: "No pretendamos que las cosas cambien si siempre hacemos lo mismo".

Me parece que ayudaría a mejorar nuestra reflexión la canasta de preguntas que ahora te presento.

¿Por qué los gobiernos no peronistas no consiguieron terminar sus mandatos? ¿Por qué esa maldición ya no es exclusiva? Recordemos que tampoco lo han terminado varios gobiernos peronistas, con la excepción de Menem y Néstor Kirchner. ¿Por qué los líderes que asumen auroleados de carisma siempre terminan despreciados? ¿Por qué nuestro sistema de partidos políticos se fue degenerando a medida que le ganamos años a la democracia? ¿Por qué sigue vigente el hipócrita latiguillo de la "herencia recibida" y les echamos la culpa de nuestros infortunios al pasado, al exterior, al otro, a Magoya, con una perseverancia que hace dudar sobre la existencia de la sensatez? ¿Por qué la obsesión de empezar siempre de cero, como si en la gestión anterior no hubiese nada rescatable? ¿Por qué seguimos enamorados de un utópico Estado de bienestar que lo único que hizo en más de medio siglo fue robarnos, mentirnos y degradarnos? ¿Por qué cuando asume un nuevo presidente y gana fuerza, automáticamente se encogen el Congreso y la Justicia, mientras los organismos de control se desinflan como neumáticos pinchados?

Tras la crisis de 2001-2002 parecía que Néstor Kirchner, el presidente menos votado de la historia, que incluso debía su esmirriado éxito a los votos de Eduardo Duhalde, lograba devolver jerarquía al Ejecutivo con sus furiosas bofetadas. Eso gusta al enano fascista que habita en el corazón de millones. Pero luego mucha gente comenzó a sospechar que no utilizó ese poder como un medio para el crecimiento del país, sino como un fin: quería mucho poder para tener más poder, infinito poder y, al mismo tiempo, aceitar el enriquecimiento desenfrenado de sus bolsillos y los bolsillos de su círculo de amigos, socios o testaferros, no lo sabemos con precisión ahora –suponen–, pero lo sabremos más adelante.

Hacia el final de su mandato constitucional lleno de suerte –tuvo a favor los vientos del mundo–, zapateó sus mocasines sobre la resquebrajada Constitución manteniendo en vilo a la opinión pública con el suspenso arrogante de "Pingüino o Pingüina", que salpicaba de oprobio a las estructuras partidarias que él siempre miró con poca simpatía.

Decidió que fuese candidata presidencial la Pingüina, quien años antes había sido elegida senadora por la provincia de... Buenos Aires, no ya Santa Cruz. Ganó la senaduría porque su marido era el Presidente y manipulaba los recursos electorales. No conocía los problemas de esta enorme y difícil provincia que había abandonado hacía décadas y por cuyo mejoramiento no movió ni el dedo meñique. Tampoco tuvo un solo cuestionamiento, porque en la Argentina los senadores –con excepciones escasas– no representan de verdad a sus provincias respectivas, sino que se representan a sí mismos y tratan de obtener las caricias del poder central, como lo demostraron sin asomo de pudor cuando se discutieron las retenciones a la producción agropecuaria. Semejante aplazo no tiene consecuencias ante un pueblo atontado, que ni siquiera los conoce y jamás exige que rindan cuenta de sus ocios y negocios.

Como venía diciendo, el presidente Néstor eligió candidata a su esposa, para de ese modo eternizar en la presidencia a la letra K. No tuvo que torcer la Constitución para que la K sea reelegida hasta el Juicio Final, como necesitan desesperadamente Chávez y su caterva de discípulos latinoamericanos. Néstor no se fatigó en consultas partidarias y Cristina evitó la pesada campaña electoral: voló hacia una glamorosa gira (sin rendir cuenta de sus gastos, por supuesto). Con ese viaje esquivó el peligro de hablar, cosa que le encanta, en especial cuando puede dar lecciones sobre cualquier tema sin que la interrumpan. Pero entonces... mete la pata. En armonía con la injuria al sistema democrático que significó mandarse a mudar en medio de una campaña tan importante como la presidencial, tampoco aceptó discutir en público con los opositores, porque temía ser refutada o acusada en los numerosos temas que manchan su legajo. Ni dio reportajes, con mínimas excepciones.

Eso sí: insistió en ser "presidenta" y no presidente, para acentuar su género y poner énfasis en la independencia que mantendría con su furibundo cónyuge. Su innovación fue un inesperado aporte a la lengua. No bromeo. Fijate: en la gramática castellana existen participios activos como derivaciones verbales; por ejemplo el participio activo del verbo "atacar" es "atacante" y no resulta correcto ni eufónico decir "atacanta". Lo mismo se aplica a tantos otros casos: de sufrir deriva sufriente, no "sufrienta"; de cantar cantante, no "cantanta"; de existir existente, no "existenta". El participio activo del verbo ser es *ente*. El ente significa que tiene entidad. Por eso, cuando queremos nombrar a una persona con capacidad para ejercer la acción que expresa el verbo, se le agrega el sufijo "ente". En consecuencia, quien preside es presidente, aunque le disguste a Cristina. Además, por si esto no alcanzara (supongo que a ella no, debido a su sordera para lo que no le gusta), es bueno recordar que una capilla es ardiente y no "ardienta", una estudiante no es "estudianta" por femenina que luzca y una paciente no es "pacienta", aunque su enfermedad nos rompa el corazón.

La esposa de Néstor no ganó con la deseada mayoría absoluta, sino que tuvo un 54 por ciento de votos en contra, desperdigados por el archipiélago opositor. En contra. Fue derrotada en casi todas las grandes ciudades. No le importó. ¡Cómo le va a importar si su marido pudo ofender desde el primer día a todo el mundo con apenas el 22 por ciento, de los cuales la mitad no era propia! Incorporó a su imagen una variedad infinita de ropa, fuerza una sonrisa tan poco convincente como perpetua e irguió una arrogancia de maestra ciruela que bordea el ridículo.

Lo cierto es que en ningún meandro de nuestra historia, ni siquiera en el primer o segundo peronismo, se estableció con tanta desvergüenza un Ejecutivo manifiestamente conyugal. Nuestro pueblo, que a menudo se autoimpone el calificativo de Gilada –con mayúscula–, percibió, no obstante, que se trataba de una reelección. Por eso no le concedió a Cristina ni tres semanas de gracia (no digo tres meses), como ocurre con un nuevo mandato. Enseguida se reanudaron las protestas, huelgas y desmanes, que es el cilicio de cada día en nuestro atormentado país.

Antes de finalizar 2003, cuando Néstor recién alcanzaba los seis meses de mandato, reconocí que había inyectado fuerza a la deshecha investidura presidencial. Lo hizo con una belicosidad que no me gustó, pero el resultado era aplaudido. No dejó títere con cabeza, incluso en su mismo entorno, y mostró que le gustaba degollar. Hasta lo hizo con desplantes increíbles a reyes y presidentes. Esa psicopatología lo impulsó a insistir en que todo respondiese a sus caprichos y se acomodara a su visión.

Después de las elecciones de 2007 que coronaron a su esposa, ¿disminuyó Néstor el protagonismo que tenía? Nadie ignora quién manda en el país. Ella sólo "reina", aunque carecemos de monarquía. Gasta su tiempo en viajes, protocolo, anuncios menores y hasta repetidos, e inauguraciones de obras sin terminar o que ni siquiera se han iniciado. Nadie tampoco ignora los procedimientos de que se vale Néstor para mantener sometida a toda la fauna política obsecuente.

Las promesas de Cristina sobre una mejora institucional y otros avances fueron incineradas en el crematorio de nuestra Chacarita virtual.

También fue incinerado el macaneo sobre una mejor gestión política. Para nada. Siguen las exclusiones, el ninguneo, las venganzas. No hay diálogo ni siquiera con los tilingos que se babean como perros castrados y la festejan hasta cuando se manda ocurrencias como el "yuyito" de la soja. También cuando derramó una confesión ante científicos para hacerse la simpática: dijo que se acordaba poco de química, excepto la fórmula del agua, que es "H2 cero". ¡Sonrieron! ¡La aplaudieron! Después los servicios de prensa debieron transpirar para convertir el cero en la O de oxígeno. Su aislamiento le aumentó la arrogancia vacua. Hasta dio consejos para resolver la crisis económica del mundo, a la que propuso llamarla *efecto jazz*. El humorista Nik explicó el origen de semejante calificación: en la conciencia de Cristina debe repicar una voz que dice "*ya has* cancelado tus promesas, *ya has* empeorado la institucionalidad, *ya has* llenado tus carteras, *ya has* degradado la justicia, *ya has* comprado un montón de tierras en El Calafate". Y dejó de insistir en el efecto jazz.

Tantas anécdotas me recuerdan otros de sus furcios de mujer "culta". Ante el presidente Medvédev se le ocurrió pedir disculpas por haber usado la palabra "revolución" (disculpas que no sonaron raras en la cínica izquierda de nuestro país). Se refería en ese momento a la extraordinaria "revolución" que, en sueños, será el gasoducto del Nordeste. Para desenredar su deslenguamiento añadió: "Han tenido alguna experiencia los rusos con las revoluciones...", pero su sonrisa no fue acompañada por la de nadie, ni siquiera para disminuirle el bochorno.

También fue indigna su identificación con Muammar Khadafi, un dictador que durante muchos años estuvo asociado al terrorismo y ha impuesto la presidencia hereditaria como única opción a sucederlo.

Y su ridícula peregrinación a la premorgue donde agoniza el dictador Fidel Castro para sacarse una foto.

No es todo. Las impuntualidades de Cristina ya son proverbiales y debemos reconocer que Néstor encontró en ella una excelente discípula para agredir las normas de urbanidad, como no saludar al vicepresidente Cobos en una misa por la paz y la reconciliación, y llegar tarde a reuniones con otros jefes de Estado. Pero en estas reuniones ya no la esperan, aunque la encuentran muy divertida cuando aparece corriendo para... la segunda foto. En su primera visita de Estado a España llegó con cuarenta minutos de atraso a la cena de gala que el Rey ofrecía a la comitiva argentina, y también llegó tarde al Congreso español, lo cual demoró una interpelación parlamentaria a Rodríguez Zapatero. *El País* no se ocupó de su visita, pero *El Mundo* le dedicó una columna vitriólica llamándola "reina del botox" y "heroína anti-age". El matutino consignó: "Trae, como buena peronista, al dirigente sindical que organizó el alboroto contra los gallegos cuando la expropiación de Aerolíneas". Y añadió: "Están acongojados, el Rey y el presidente, con razón, porque la Evita posmoderna no viene a traernos trigo, a pesar de los comedores de mendigos, sino a amenazarnos con la viveza criolla de las nacionalizaciones, mientras sus oligarcas, como siempre, se llevan la plata a Suiza".

No podía ser peor.

El Congreso es objeto de una manipulación permanente, porque los legisladores se agachan bajo el vendaval de cuchillos que giran en torno a sus cabezas.

La Justicia apenas sobrevive ante el patíbulo en que se ha transformado el Consejo de la Magistratura por obra sagaz de la ex senadora Cristina de Kirchner (la que iba a mejorar nuestras instituciones).

Siguen los escándalos de corrupción como pancho por su casa. Ningún fiscal o juez se anima a enjuiciar con la debida rapidez, tenacidad y arrojo a ningún funcionario. Aunque por suerte asoman algunos que espero se animen a seguir adelante; la historia y la Nación lo agradecerán.

Asociado con este tema debo mencionar la Oficina Anticorrupción (OA), cuyo solo nombre es un desafío a la delincuencia. Fue creada en los finales del gobierno menemista para desactivar las acusaciones que le caían como granizo. Pero desde 2003 ha ido perdiendo la poca relevancia que tenía. Como el resto de los organismos de control, sus músculos parecen cada vez más débiles, casi al borde de la parálisis. No satisfecho con tamaña inoperancia, el Ministerio de Justicia, del que depende, estableció que sólo su director puede firmar denuncias. No se entiende. Esa medida llevó a un estancamiento absoluto cuando el director pasó a mejor vida. Sumémosle el vaciamiento de su estructura administrativa y la falta de renovación de contratos a su personal técnico. La OA no debería ser un organismo menor, porque en ella se depositan las declaraciones de bienes de los funcionarios y es la que debe hacer un seguimiento de sus fortunas. Durante el año 2008, sin embargo, sólo abrió 151 carpetas de investigación –la menor cifra de toda su historia–, cuando hay sospechas por millares de hechos ilícitos; de esa cantidad, 127 casos ya fueron archivados... Más de la mitad de los asuntos se iniciaron por denuncia de particulares y ninguno, ninguno, se originó a partir de algún organismo de control, porque no tienen nada para controlar debido a que este gobierno es igual a una pradera coloreada por ángeles. Bien. En enero de 2009 se designó al nuevo director de la OA provocando un chispazo incandescente: en lugar de designarlo el ministro de quien depende, lo eligió la Presidenta directamente, salteando al ministro. Por supuesto que habrá obedecido a una indicación de Néstor porque, ¿a quién eligió? Tengamos en cuenta que debe ser la persona encargada de custodiar y controlar las declaraciones juradas de bienes y perseguir a todo funcionario corrupto. Pues eligió a uno que juega al fútbol en Olivos, íntimo de su esposo y del ex jefe de Gabinete, que se había desempeñado en la Sindicatura General de la Nación (SIGEN).

Se llama Julio Vitobello, milita en el peronismo desde hace once años y habrá sido, obviamente, menemista, duhaldista y por último kirchnerista. Quizás sea muy capaz, pero en Estados Unidos se demoró la designación de Hillary Clinton hasta despejar dudas sobre las probables implicancias que podría tener en su desempeño la Fundación que dirige su marido. Aquí no. Aquí las implicancias y los vínculos sospechosos no cuentan. Vitobello es alguien ligado al matrimonio presidencial. ¡Y basta! Su tarea, por supuesto, no se orientará a detectar funcionarios corruptos amigos, sino a salvarlos. Su control será mantener bajo control a cualquier intento de control. Lo grita su desempeño en la SIGEN, donde sobre casi dos mil auditorías sólo analizó y publicó el once por ciento. ¿Reaccionó la sociedad? No.

¿Habría alguna explicación por semejante abulia ciudadana? Supongo que varias: cansancio ante más de lo mismo, resignación, ignorancia o, quizás, una causa peor. Trataré de explicarme. Han sido tan ultrajados nuestros valores que la mayoría debe pensar que, si estuviese en el lugar del matrimonio presidencial y de sus funcionarios corruptos, haría lo mismo. Suena horrible, lo sé. Por eso sufrimos vos y yo.

Agrego otras miserias.

La censura a la prensa escrita, radial y televisiva mediante el manejo arbitrario de las pautas publicitarias oficiales, mensajes oblicuos a los empresarios y hasta amenazas directas a los profesionales, apenas se maquilla con algunas excepciones. Lo consideramos un hecho normal.

En todos los niveles, incluidos ministros, secretarios, gobernadores e intendentes, también es Néstor quien tiene la útima palabra. Por momentos trata de disimular, pero es el omnipotente, el omnisciente, el genio. Señor del glaciar al trópico, de los Andes al Atlántico. Apoltronado en su sombrío sillón y sus más sombrías ideas, gobierna sin consultar con más interlocutores que sus propias neuronas, pesadillas o ambiciones. Un Júpiter que baja líneas en forma de rayos y truenos. Electrocuta con su insomne *blitzkrieg*. Hasta Hugo Moyano vacila ante ese gigante mítico con nariz de hacha y ojos omnívoros; ha confesado algo que tiene mucho valor, porque proviene de sus labios: el nuestro "es un país donde todo pasa por las manos de una sola persona".

La prodigiosa debilidad amnésica argentina facilita que se olvide el momento en el que Cristina humilló a Chiche Duhalde endilgándole que su único atributo político era la "portación de apellido". En aquel instante recordé a Evita e Isabel, como instancias genésicas en cuanto a la portación de apellido que registra el movimiento justicialista. Pero no supuse entonces que Cristina llegaría al extremo de convertirse en su manifestación más radical. En vez de poner en evidencia que una mujer puede ser la conductora y exigirle moderación a su marido, ha degradado las conquistas de su género al encorvarse bajo la potestad del macho. Su presunta independencia era simulada y ahora es cada vez menos creíble.

En un año su popularidad bajó de forma abrupta. No tiene cualidades para dirigir el país, ni implementar cambios sustanciales, ni poner en marcha un diálogo con gente que le aporte ideas distintas a las de Néstor. Quiere imitar a Eva Perón, pero le sale el agresivo tonito de montonera soberbia, dueña de la única verdad, embalsamada en concepciones pretéritas. No ha cambiado la composición del círculo que construyó su esposo, excepto en matices que no modifican el color dominante, compuesto por ex guerrilleros, terroristas, secuestradores e ideólogos convertidos ahora en cleptómanos burgueses sin culpa ni arrepentimiento.

Tuvimos una presidente Isabel, dominada por López Rega; ahora tenemos otra mujer, también dominada. Ya no la manipula alguien que se jacta de brujo, porque quizás un brujo causaría menos daño. Pero está resignada a desempeñar un papel de segundo orden. Es la presidente que "puso" su marido, quien también "puso" al vicepresidente. Resulta asombrosa la falta de pudor al reconocer que los miembros de la fórmula presidencial fueron "puestos" por un solo hombre. Qué democracia, por favor.

El matrimonio presidencial –él instala los tonos, ella dibuja la melodía– no pierde un instante en proyectar sobre los demás sus propios defectos. Cristina usa un estilo profesoral, y Néstor provoca como un tigre hambriento (sus próximos lo apodan "La Furia") Ambos denuncian traiciones, deslealtades, fascismo, antidemocracia, insensibilidad social, actos "destituyentes", sabotaje a la redistribución del ingreso y otras lindezas. Esas críticas deberían ser dirigidas hacia ellos mismos, porque son ellos quienes arruinan la democracia, amenazan como fascistas, bloquean el progreso, aumentan la pobreza, no les importa el incremento de la ignorancia y estimulan verticalmente la anomia.

Jamás han permitido el esclarecimiento de los escándalos de corrupción que dejan chiquitos los años

90. La gestión K es la más corrupta e inmovilizadora de las últimas décadas argentinas. Su "progresismo" es ultraconservador, reaccionario e inmoral.

Es Néstor Kirchner un tirano? Esta palabra perfora el oído y eriza la piel. En *El atroz encanto de ser argentinos 2* he mostrado que cultivamos un "romance secreto" con los tiranos. Secreto, porque es vergonzoso. Los denominamos *caudillos*, dictadores, "mano dura", personalidad carismática o jefe autoritario. Cuando conseguimos un período de mayor democracia tendemos a quitarles centralidad, pero nunca abandonamos la nostalgia por su regreso, que asociamos a la gloria mientras negamos sus miserias. Representan al monarca todopoderoso que en el fondo del alma muchos desearían. Los sucesores del monarca absolutista que de veras tuvimos y gobernaron América latina en el oscuro período de la anarquía se llaman caudillos. Todavía nos encantan, todavía nos generan veneración. Eran soberanos en su zona o provincia, "dueños de vidas y haciendas", admirados por su coraje, crueldad, picardía, obstinación, patriotismo y hasta su generosidad siempre caprichosa y por lo tanto muy agradecida cuando derramaba el maná.

Aunque nos resulte molesto, los caudillos calzan en el perfil psicológico del tirano (*tyrannos*) que acuñó la antigua Grecia.

Es interesante que la palabra "caudillo" tenga vigencia en la lengua española, pero no es idéntica al anglicismo "líder", aunque se los use como sinónimos. Ambos "conducen". Pero en la Italia fascista el líder se llamó *Duce*, en la Alemania nazi *Führer* y en España se calificó a Franco como "*Caudillo* por la gracia de Dios". En cambio no se puede decir que Churchill o el Mahatma Gandhi hayan sido caudillos, aunque ejercieron un liderazgo inolvidable. La lengua expresa el abismo que separa ambos términos.

Conviene recordar que los tiranos de la antigua Grecia eran designados por un breve lapso, sólo el que hacía falta para resolver una crisis. Quienes pretendían eternizarse o tomaban el poder por la fuerza no eran bien vistos y se los criticaba con severidad. Una de las críticas más elocuentes la formuló Sófocles en su *Edipo*.

El nombre original de la obra fue *Edipo tirano*, no *Edipo rey*, que suena mejor en las carteleras. El vocablo "rey" se pronuncia sólo en una ocasión, en cambio la palabra "tirano" es repetida siete veces en el texto.

¿Quién no sabe que esa tragedia inspiró a Freud para identificar el conflicto nuclear de la neurosis? Allí se describe el incesto con la madre y el asesinato del padre. La Europa victoriana, cuando el psicoanálisis realizó sus primeros escarceos, necesitaba de la insolencia que significaba poner el acento sobre esos puntos. Pero quedaron en la sombra otros. Y de gran riqueza. El complejo de Edipo centrado en el parricidio y el incesto adquirió un gran desarrollo teórico; no así, en cambio, un protagonista notable que brilla como un faro desde el comienzo hasta el final: la tiranía.

La tiranía fue expuesta de un modo magistral. El revulsivo argumento se adelanta a la técnica de las novelas policiales que aparecieron miles de años después, porque desde el inicio plantea un enigma: la peste que asolaba a Tebas. La peste no eran ratas o piojos o culebras venenosas. La peste innominada, en realidad, era algo muy terrible. El arte de Sófocles esquivaba los detalles para aumentar el misterio y, poco a poco, se torna evidente que en medio de sucesos y conflictos ruge nada más ni nada menos que la peste de una ominosa tiranía.

Edipo es un tirano y acumula muchas lacras. Desconoce la jerarquía y la dignidad del prójimo debido a su narcisismo. Tiene un odio que enajena antiguos vínculos y hasta lazos de sangre. No ama ni le alcanza lo mucho que ya tiene. Lo asaltan repentinos accesos de furia. Grita fuerte e insulta grosero. Su cabeza está nublada por una paranoia que no le da reposo. Este aspecto lo explicita también el libro *Hierón* de Jenofonte. Y lo hace muy bien.

El tirano Hierón se quejaba ante un filósofo de su suerte ya que, encumbrado en el poder, no sabía si quienes lo alababan lo querían de verdad, o lo hacían por miedo o para obtener beneficios. El filósofo le preguntó por qué, ya que se lamentaba de su suerte, no firmaba su renuncia. Entonces Hierón respondió que no podía hacerlo porque era tanto el odio que había levantado desde el poder, que apenas bajara del pedestal sería despedazado.

¿No pasa lo mismo con Néstor Kirchner? Desde que asumió la presidencia de la Nación en 2003 fue pasmosa su compulsión a repartir bofetadas, desplantes, injurias y humillaciones. Es el único presidente que tuvo la democracia recuperada en diciembre de 1983 que no es querido por una mitad y odiado por la otra, sino que es odiado por una mitad y *temido* por la otra.

El tirano sufre de incapacidad para escuchar buenos consejos cuando se oponen a sus puntos de vista; quienes se atreven a formularlos pasan a integrar la lista de los enemigos. Tampoco tolera ninguna derrota. No admite haber cometido errores. Su superyó es destructivo, por lo cual revela impotencia para comprender al otro. En lugar de obtener enseñanzas, exige que el otro se doblegue sin chistar ante las suyas. Le burbujea la sangre contra quienes considera obstáculos, aunque antes lo hayan servido como bufones.

Otro hallazgo de Sófocles consiste en dar pruebas, en su *Edipo tirano*, de que el despotismo puede instalarse por decisión popular. En ese sentido, vale como estremecedor anuncio de los totalitarismos que degollaron al mundo por decisión de mayorías. Edipo fue elegido por los ciudadanos de Tebas. Hace 2.500 años que Sófocles advirtió sobre ese riesgo. También Hitler fue elegido por el pueblo alemán como primera minoría, y de allí fue inevitable que le concedieran el cetro. Chávez fue elegido y vuelto a elegir por el pueblo venezolano. Pero una vez instalados en la cima, no corresponden a las esperanzas vitales de sus electores, sino a la ciénaga letal que les circula por las arterias. No respetan la ley si molesta a sus designios.

Por eso debemos terminar con el error de suponer que existe democracia cuando alguien gobierna por decisión de los votos. Los votos son el primer peldaño de una escala, nada más que eso. Una democracia genuina requiere que ese comicio no haya sido objeto de fraude, es cierto, pero –más importante aún– que luego se respeten las leyes por encima de las arbitrariedades que pretende imponer un tirano, entre las cuales suele ser muy ilustrativa su codicia por seguir entronizado para siempre. Cuando el presidente sandinista Daniel Ortega fue derrotado en Nicaragua por Violeta Chamorro, Fidel Castro le preguntó por qué se retiraba y transfería el poder. "Porque me ganó en las elecciones", contestó Ortega, algo encogido. Y Fidel, mirándolo a los ojos, exclamó disgustado: "Te ganó... ¿en las qué?"

No es casual que el coro de *Edipo* exija proteger las leyes. Porque son las leyes lo primero que se pisotea.

Después el coro señala que la intemperancia engendra a los déspotas. Y si suben muy alto, se despeñan con dolorosas consecuencias para todos.

Es un buen momento para evocar al napolitano Gaetano Filangeri (1752-1788), filósofo que demostró hace tres siglos que para fundar una democracia no bastan las leyes tampoco: es necesario que las reglas de juego sean incorporadas al espíritu de la gente, convirtiéndose en una extendida y sólida religión civil. El gobierno tiene el deber de educar en el ejercicio de los derechos de todos, de cada uno, para elevar a un pueblo habituado a la condición de siervos.

El *tyrannos* adopta medidas irritantes que incluyen la fuerza. Por eso bajo su gobierno abundan castigos injustos, destituciones, descalificaciones, persecuciones, destierro y hasta homicidios. El *tyrannos* es violento. Ignora la piedad y el perdón, que considera signos de debilidad. Nunca se pone en el lugar del otro, al que desprecia cuando deja de resultarle útil. Considera que todo debería pertenecerle y por eso lo tienta confiscar bienes ajenos. Miente sin pudor e insiste que gobierna para todos los ciudadanos para encubrir sus desaguisados. Le fallan las percepciones. En el interior de su claustro impermeable considera diferente a la realidad de lo que objetivamente es. No escucha, no ve. Por eso el trágico Edipo termina arrancándose los ojos: los ojos que se negaron a mirar.

Tiempo después, cuando ya había perdido su cetro y sus globos oculares, pese a la debacle que le hundía los hombros y encorvaba la espalda, quería seguir mandando. Su sucesor, el tirano Creonte, le reprochó: "No quieras seguir mandando, Edipo, cuando inclusive aquello en que triunfaste no te ha dado provecho en la vida". ¿No lo asociás con Néstor?

Según Plutarco, uno de los famosos sabios de Grecia llamado Bías de Priene, cuando fue interrogado sobre los animales salvajes, contestó: "De los animales salvajes, el más feroz es el tirano". Y cuando le preguntaron cuál era el animal doméstico más peligroso, asustó con una respuesta de antología: "El animal doméstico más peligroso es el adulador". Ahora puedo agregar, basado en ejemplos lejanos y próximos, que ambos animales se complementan.

Los tiranos, una vez encaramados sobre el paño verde de la ruleta nacional, barren como un *croupier* todas las fichas al alcance de su rastrillo. Desde el alba de su gestión se ocupan en destruir controles y frenos que dificulten sus propósitos. Por momentos disimulan, por momentos se envalentonan hasta la náusea. La corrupción, en sus manos, es una herramienta adicional para mantener una áspera soga en el cuello de los cómplices, así no hablan ni se sublevan. Sus efectos deletéreos no se limitan a la gestión, sino a la ejemplaridad gangrenosa que inyecta en sus familiares, seguidores y el resto de los habitantes.

Vuelvo a la pregunta: ¿es Néstor Kirchner un tirano? Su rencor y su anhelo de venganza, más casi todos los rasgos que he descrito, emiten sombríos resplandores desde antes de asumir la presidencia, cuando era el caudillo de un feudo llamado provincia de Santa Cruz. Quienes lo conocieron en el llano y después, cuando fue intendente y tres veces seguidas gobernador (gracias a la reforma que hizo en la Constitución provincial para ser reelegido de forma indefinida), sólo encuentran diferencias de escala.

En el año 2008 sufrió una primera gran derrota cuando su capricho por saquear la producción del campo quedó bloqueado. Pareció enloquecer y hasta se dice que propuso la renuncia de Cristina. Su reacción pública fue el insulto y planear sin fatiga ni vergüenza una sucesión de desquites. Se puso a disciplinar la tropa que le quedaba y buscar sitios donde aplicar nuevos golpes. Fue irritante y produjo grietas severas, porque revelaba debilidad. No sólo se consolidó un amplio polo antiK dentro del justicialismo, sino que figuras que le habían sido fieles y hasta chuparon hiel durante demasiado tiempo se sublevaron. El ex gobernador Felipe Solá, conocedor de las intimidades de palacio, llegó a vomitar en público que sólo dos o tres personas deciden todo el destino del país sin consultar a nadie. Agregó que "una cosa es un estilo político, y otra es el cesarismo o unicato". Sus palabras cayeron como plomo hirviendo.

En lugar de tirano, ¿le correspondería el calificativo de dictador? La palabra *dictadura* proviene de la tradición romana. Semejante al *tyrannos* griego, no significaba que siempre el dictador abusara del poder. En Roma el Senado concedía plenas facultades a un hombre para enfrentar emergencias. Grandes estadistas actuaron como dictadores y se los recuerda por su ejemplaridad. Cincinato fue un general retirado que salvó a la república de sus enemigos y retornó a su apretada chacra de dos hectáreas antes de que venciera el plazo de seis meses que le habían adjudicado. El *cesarismo*, en cambio, refleja desde sus comienzos otra cosa, porque Julio César se hizo designar por el Senado "dictador vitalicio", con lo cual cinceló un rasgo ajeno a la emergencia. Hoy no concebimos un dictador que no quiera pegar para siempre su trasero al trono. Tampoco lo concebimos como alguien que profesa ideales democráticos, que respeta la libertad de prensa y el pluralismo político, que refuerza la justicia independiente, que favorece el diálogo y garantiza los controles sobre la administración pública, incluso sobre él mismo.

Nada de esto prevalece en Néstor ni en su representante, Cristina. Por el contrario, durante su mandato ordenó a sus siervos que violen la Constitución para otorgar poderes extraordinarios al jefe de Gabinete. Antes y ahora imparte directivas a los senadores y diputados, con la amenaza de pasarlos al corral de los felones si no le hacen caso sin chistar. Castiga a los gobernadores e intendentes cerrándoles el grifo de la coparticipación si no le lamen los mocasines, sean o no justicialistas. Hasta usa su propio quebrado partido político para excomulgar o consagrar, según su único saber y entender. ¿Es la peste sofocliana? ¿Es una tiranía? ¿Es una dictadura? ¿Es sólo despotismo? ¿Autoritarismo? *¿Dictablanda* más o menos dura? ¿Caudillismo arcaico? ¿Fascismo? ¿Algo novedoso?

El enigma se incrementa porque Néstor vendría a ser un tirano indirecto. Ya no es el presidente, no. Lo es su esposa. No es un legislador, no, sino quien les hace bajar la cabeza a los legisladores. No es un juez, no, sino quien los mantiene aterrorizados. Gobierna –es indiscutible– pero sin que se pueda decir que gobierna. Incluso lo hace desde la residencia presidencial de Olivos, que es la residencia del presidente de todos los argentinos, no de un cónyuge ni de un jefe partidario. López Rega también mandaba desde Olivos, y eso confunde, porque daña el concepto de república. ¿Marchamos por el corredor lúgubre de una *intradictadura*? Sería un sistema en el que la presión más intensa se ejerce con los próximos, obligados a una autocensura y emasculación que da lástima.

Miremos los noticieros. Ahí podemos observar que, cuando habla Néstor o Cristina, los funcionarios, legisladores, intendentes, punteros y gremialistas permanecen atentos, como escolares asustados, y empiezan a aplaudir antes de que terminen una frase. O empiezan a reír antes de que hayan acabado de formular un chiste o una ironía. ¿Dan sólo lástima?

Antes de abandonar el poder, en una de sus raras expresiones graciosas, dijo Néstor que iba a refugiarse en un café literario. Aseguraba el muy pícaro que no quería sombrear la gestión de su esposa. Era una salida sorprendente porque, según quienes lo conocen, nunca se interesó por una novela y ni siquiera le gusta el cine: sus obsesiones son el poder y el dinero. No fue a ningún café literario, por supuesto. Durante un tiempo corto habilitó una oficina en Puerto Madero. Pero no tuvo paciencia y enseguida encabezó actos del Partido Justicialista, irrumpió con un séquito de ministros en la Plaza de Mayo cuando generó el conflicto con la producción agropecuaria, insultó grosero a las entidades rurales, cuestionó a miembros del Gabinete por ser tibios, retó al vicepresidente de la República, pulseó con el grupo Clarín, presionó por teléfono a legisladores para torcerles el brazo antes de las votaciones, nunca dejó de supervisar al Ministerio de Economía y es quien instruye al barrabrava de Guillermo Moreno.

¿Qué es, entonces?

Ocurre algo más misterioso aún. Los tiranos y dictadores llenan las cárceles con presos políticos o los mandan a la muerte. Kirchner no ha puesto tras las rejas ni a un solo opositor y tampoco ha ordenado eliminar a un solo periodista. Le reconozco ese mérito. Grita, injuria, amenaza, aprieta y manipula los recursos del Estado, pero no comete delitos espantosos. Instaló el terror, la censura y la autocensura, desde luego, pero sin guillotina ni campos de concentración. Entonces no habría motivos para tenerle tanto miedo. No obstante, la población y nuestros dirigentes le temen, con las excepciones que confirman la regla, como siempre. Algunos llegan al pánico y no se animan a contradecirlo en nada, en especial quienes merodean como perros las bolsas del poder.

¿Presenciamos una nueva forma de tiranía, entonces? ¿Estamos viviendo el ascenso de un diferente modelo, aunque basado en el viejo manual del despotismo? El terror no necesita matar mucha gente, sino puñados, en el momento y lugar oportunos, para generar parálisis, que es contagiosa. La

Inquisición no quemó miles, en comparación con los millones que fueron anulados espiritualmente. La guillotina no segó tantas cabezas en comparación con el nivel de pavura que despertaba su sola mención. Más gente murió en las guerras. Hubo, es claro, genocidas infernales como Stalin, Hitler, Mao y Pol Pot, con una larga lista de monstruos parecidos en varios continentes. Ahí se unía el terror con los asesinatos masivos. Pero si regresamos al caso Kirchner, por más que muestre sus dientes, no es un caníbal como Idi Amín y ni siquiera metió en la cárcel a sus opositores como lo hizo el mismo Perón. ¿Por qué tanto miedo, entonces?

Un factor puede ser la *intradictadura* que mencioné anteriormente. Desde su comienzo político, se ha caracterizado Néstor por humillar a su círculo íntimo y leal, como un padre golpeador. Si a ellos los doblegaba sin piedad, el mensaje llegaba al resto de la gente con un nivel multiplicado de alarma. Desde el atril de la Casa de Gobierno se ha permitido insultar a los empresarios extranjeros, a los empresarios nacionales (incluso con nombre propio), a los periodistas (también con nombre propio), a la Iglesia. Humilló a las Fuerzas Armadas al ordenar que un sumiso jefe del Ejército se trepase a un banquito para bajar el retrato de Videla. Le quitó dignidad al vicepresidente de entonces, luego gobernador, quien –narra una fuente fidedigna– iba a hacer pucheros al despacho de un senador tras las ofensas.

Todo esto activa dos recuerdos espantosos guardados en el fondo de la memoria colectiva.

Uno es lo ocurrido durante la última dictadura, con lugares clandestinos de detención y el asesinato de perejiles o gente dudosamente sospechosa. Aunque fue una lucha contra un enemigo terrorista que no respetaba a nadie, el Estado se transformó en un monstruo que no daba siquiera la oportunidad de demostrar la inocencia. Durante esos años se sufrió una pavura cerval y los ciudadanos usaron el mecanismo de la negación para aguantar cada día.

El otro factor traumático fue el económico. Aunque en la Argentina padecemos la rapiña del Estado desde hace muchísimo tiempo, nunca se produjo un asalto tan brutal como el corralito y el corralón, que empujó hacia un abismo de pesadilla. Esos recuerdos siguen vibrando en el alma nacional y nos hacen tener más susto del que justificaría la realidad objetiva.

Ya que mencioné la "anomia", palabrita que nos gusta ignorar porque significa carencia de normas —o las muchas que violamos–, reproduzco un cuento.

Jaimito, el modélico pibe argentino transgresor, insolente y psicópata, le escribió una carta al Niño Jesús antes de Navidad. Decía: "Querido Niño Jesús, me he he portado muy bien y quiero que, por favor, me regales una bicicleta nueva". Colocó el mensaje bajo el árbol de Navidad y advirtió que la Virgen María, sentada en el pesebre, lo miraba con fijeza. Arrepentido, rompió su carta y escribió de nuevo. "Querido Niño Jesús, creo que me he portado bien este año; por favor, regalame una bicicleta. Cordialmente, Jaimito". Se dispuso a instalarla cuando sintió que la Virgen mantenía su actitud de reproche. Inquieto, rompió el papel y volvió a redactar, muy nervioso. "Niño Jesús, la verdad es que me he portado mal, pero si me traes una bicicleta, prometo corregirme". Los ojos de la Virgen seguían amonestándolo. Hizo pedazos la hoja y corrió a buscar una gran bolsa de papel; envolvió rápido a la Virgen y la guardó en su placard, que cerró con llave. Escribió por última vez. "Jesús, tengo secuestrada a tu vieja; si querés verla, dejame una bicicleta junto al árbol. ¡Y guay con hacer una denuncia! Firmado: Jaimito."

La Argentina no ha salido del Tercer Mundo. Peor aún: algunas porciones corresponden al Cuarto y al Quinto, como si nos hubiésemos mudado al África subsahariana. Ciertas franjas parecen del Primero, con gente bien vestida que luce exquisitos modales, pero prevalecen la decadencia, el clima de dolor, la rabia, el desencanto. Este descenso abarca la economía, la política, la educación, las relaciones sociales y los valores. Se permite y hasta celebra que el gobierno de unos pocos (al que equivocadamente llamamos el Estado de todos, lo "público") sea la topadora que arrasa con los derechos, las leyes, la credibilidad y la esperanza como si montara los caballos de Atila. Han logrado imponer en el cacumen de la gente una dificultad para comprender que los ciudadanos perdemos cada vez más autonomía, participación, protagonismo y quedamos reducidos a una jauría de locos que nos mordemos a nosotros mismos, sin clamar racionalmente por el cuidado de las riquezas materiales y espirituales que nos quitan sin clemencia.

Manoteamos en un pozo de ideas jurásicas que nos impiden seguir las de los países exitosos. Nos fascinan cantos de las perversas sirenas que anhelaban destruir a Ulises y su tripulación. Seguimos enamorados de utopías igualitarias (para abajo) y antidemocráticas, que sólo consiguen aumentar la pobreza, excepto a los miembros de la nueva clase dominante ("capitalismo de amigos"). Hay una creciente ignorancia, corrupción, impunidad, desencuentro ciudadano, exclusión, aislamiento internacional.

Desde que inició su mandato, la "Presidenta" no hizo nada positivo, ni podrá hacerlo. Sigue extorsionando a los únicos que mantienen a flote el país: los productores de todos los sectores, en especial los agropecuarios. Su concepción cleptómana y centralista, que consiste en quitarles a los que no son sus amigos o socios, para hacer desde el trono la redistribución del ingreso –sin pensar que antes debe haber ingreso para redistribuir– ha restado competitividad a la nación frente a los mercados del mundo.

Tuvo el desatino de burlarse del primer Centenario de la Revolución de Mayo. En forma directa u oblicua nos quiso decir con su petulancia de maestra ciruela –basada en datos sueltos e ideologizados– que recién ahora estamos bien, de la misma forma en que su marido dijo, cuando ordenó bajar el retrato de Videla, que recién comenzaba a efectuarse algo por los derechos humanos. Los discursos de este matrimonio no armonizan con el recato que exige su investidura, sino con delirios que corresponden al teatro del absurdo.

¡Quisiéramos tener la energía que desbordaba nuestro país durante el Primer Centenario! Éramos un puerto de oro para el mundo, hacia el que venían "los hombres de buena voluntad". Las olas migratorias siempre van desde las regiones donde se vive peor hacia donde se vive mejor. Los africanos quieren ingresar en Europa, no los europeos en África; los mexicanos y centroamericanos en los Estados Unidos, no al revés. Por más que algunos revisionistas se empeñen en descalificar aquella época de crecimiento, esperanzas y valores, no hemos tenido otra mejor.

Quisiéramos percibir en los K la valentía y el equilibrio que mostró el gobierno de Alfonsín al juzgar las juntas militares, sin espíritu de venganza, sino de justicia. Sin alardes y sin pretender obtener más réditos que los dirigidos a reparar las heridas de un pasado ominoso. Algunos pseudoprogresistas ajustaron la corrupta consigna "roban pero hacen" por la más actual de "roban pero enjuician". ¿Este dato bastaría para condecorarlos por su defensa de los derechos humanos? El kirchnerismo se burla de estos derechos porque los usa para fines espurios. Cuando Cristina recibió al dictador de Guinea Ecuatorial, Teodoro Obiang, impactó al darle una clase de civismo: "Ustedes cuentan con inmensos recursos hidrocarburíferos en un mundo donde la energía, el petróleo y el gas son indispensables. Pero no puedo dejar de expresarle, señor presidente, nuestra honda preocupación por la situación de los derechos humanos en su país". ¿Amonestó al gobierno de Cuba por su medio siglo de violación sistemática a los derechos humanos? La algarabía agitó a los sumisos miembros de la comitiva que la acompañaba a Cuba cuando reapareció de una excursión secreta. ¿Habría logrado que dejasen salir a Hilda Molina? ¿Le daban permiso para reunirse con los sufridos disidentes? ¿Pagaría Cuba la millonaria y crónica deuda que tiene con nuestro país? Nada de eso. Nada. Había conseguido mendigar una foto con el fosilizado Fidel que, para colmo, "dedicaba al pueblo argentino". Claro, un pueblo que olvida mucho: Fidel había saboteado en 1980 una resolución propuesta por los Estados Unidos ante las Naciones

Unidas para denunciar la tragedia de los desaparecidos. ¿Su viaje a Cuba tenía el solo propósito de esa fotografía? ¿No es demasiado cholulo para una presidenta? Nik sintetizó tamaña vergüenza con un chiste: "Muchos hablan de Cristina, porque preguntan: ¿quién es la mujer que aparece junto a Castro?".

No estamos mejor que en 1910. De ninguna manera. Los guarismos señalan que el 27 por ciento de la población vive bajo el nivel de pobreza; y eso va en aumento. La cifra del trabajo en negro apabulla. De acuerdo con el Índice de Libertad Económica, la Argentina se encuentra en el puesto 108 entre 157 países, con tendencia a seguir bajando. En cambio Chile navega sobre el puesto número 8, Uruguay en el 40 y Perú en el 55. ¿No es vergonzoso? Entre 150 naciones, la banca argentina ocupa el sitio 149. ¿Tomamos conciencia? ¡Estamos en el último vagón! Ojalá que no terminemos como Zimbabwe, aunque su senil dictador Robert Mugabe, testarudo, narcisista y clavado en el poder, pueda ser un modelo atractivo para los K.

A fin del año 2008, para conseguir que retorne el dinero que los argentinos han preferido durante décadas poner a buen recaudo en el exterior, el poder Ejecutivo "ordenó" al Legislativo que sancione un gran "blanqueo", palabra que no hemos acuñado, pero somos quienes le han dado la difusión más vasta. El Ejecutivo supone que las arraigadas violaciones al derecho de propiedad que se repiten desde hace décadas, junto con la treintena de blanqueos anteriores, han caído en el olvido total y un tsunami de dólares vendrá con paso de baile para llenar las arcas de la *Kaja*.

El Congreso, amaestrado por el látigo de Néstor, aprobó un "paquete anticrisis". Con urgencia. Semanas después de repetir en atriles nacionales y extranjeros que la crisis económica mundial ni siquiera nos iba a rozar, ardió la fiebre. La oposición había observado que en el acto de votar el artículo referido al cuestionable blanqueo de capitales el oficialismo sólo contaba con el apoyo de 128 diputados. El mínimo exigido, sin embargo, era de la mitad más uno de su totalidad, es decir 129. Pero el presidente de la Cámara no lo entendió de esa forma y dijo que no se necesitaba una mayoría especial, dando por aprobado el asunto. Asombran el cinismo y la irregularidad de semejante actitud, cuando los diputados Oscar Aguad (UCR-Córdoba) y Adrián Pérez (Coalición Cívica-Buenos Aires) habían advertido, antes de votar, que se necesitaba la mayoría especial de 129 votos, posición que no fue cuestionada en ese momento.

¿Entonces? La dirigencia política volvió a sufrir otro aplazo. Si ya se había instalado en el imaginario colectivo que en nuestro país no podía esperarse cierta coherencia entre la política y la moral, esa actitud reforzó el malhadado concepto. Gente joven y capaz que quiere desarrollar una carrera política teme hundirse en un pantano lleno de alimañas, donde nada importa, porque gana el más fuerte o el que ruge mejor. La ley de la selva.

Ese blanqueo o gran perdón económico tiene sus bemoles. Hay que tener en cuenta las objeciones que ni Jaimito, ni el matrimonio presidencial, ni su cómica fila de adulones aceptan tener en cuenta. Los beneficios económicos –si por milagro llegase a producirse el deseado maremoto de dólares– tendrán el manchón de ser un premio a los evasores de impuestos. Los permanentes reclamos que se han venido machacando para que se cumpla con las obligaciones fiscales pasarán a convertirse en un montón de ceniza. Los funcionarios que perseguían con saña a los evasores deberán confesar su ridículo, su ingenuidad o suicidarse. ¿Para qué pagar impuestos en la Argentina si de tanto en tanto se bendice a quienes no lo hacen?

Más irritante es el hecho de que este blanqueo permitirá la extinción de las causas y cargos penales por acumular dinero en negro. En la Argentina se cobra en negro, se vende en negro, se traen y sacan capitales en negro. Somos un país que ha compensado la casi inexistencia de negros con una economía epilépticamente negra. ¡Qué superdotados! Además, incluye una picardía. Dicen que ya ni siquiera el matrimonio presidencial confía en un ingreso abultado de dinero por este perdón, debido a que algunas evidencias consiguieron perforar la coraza que les impermeabiliza los hemisferios cerebrales. El gran perdón, en cambio, tendrá otra virtud que no se le hubiese ocurrido a Jaimito ni al más vivo de los vivos: pondrá a salvo al matrimonio presidencial y a su círculo de amigos, socios y testaferros. Todos ellos zafarán de futuras investigaciones por los actos de corrupción que se les atribuyen. Pasarán a lucir la blancura de una sábana puesta a secar bajo el sol del Caribe. Dejarán enanos a los protagonistas de la corrupción cometida en los 90.

Esta sospecha sobre la razón profunda del blanqueo ha surgido pronto, sea o no muy cierta. La Gilada ha empezado a ser atravesada por algunos destellos de lucidez, como en la recuperación de un coma largo. Los estruendosos casos llamados Skanska, el bolso de la ministra de Economía escondido en su baño, el *valijagate* de Antonini Wilson que ayudó a financiar la campaña presidencial, las privilegiadas compras de tierras en El Calafate, la hambrienta adquisición de empresas y un rosario de coimas que involucra a numerosos funcionarios podrían convertirse en operaciones más santas que una hostia consagrada.

Jorge Lanata, Luciana Geuna y Jesica Bossi han realizado una investigación (publicada en el diario *Crítica de la Argentina* el 21 de diciembre de 2008) que eriza los pelos.

Trataré de reducirla para no abrumarte.

Comienza con un balde de agua fría. Desde 2006 hasta la fecha, la AFIP formuló 3.638 denuncias penales por evasión impositiva, que representaron un perjuicio al Estado de 2.139.034.446 pesos. ¡Linda cantidad! Muchas de las compañías en cuestión están claramente vinculadas al kirchnerismo y asombran por su escandalosa producción de facturas falsas. Tal como leíste: facturas falsas. A granel. El artículo 32 B de la nueva y generosa ley de blanqueo impositivo permitirá que esos evasores puedan acogerse a la moratoria, pagar en cuotas sin intereses y quedar fuera de cualquier persecución penal. ¿No es un prodigio de la viveza criolla? A lo largo de nuestro devenir la cantidad de moratorias se eleva a 206: cada una de ellas, claro, fue "la última". La zarandeada jurisprudencia argentina muestra 49 "pagos únicos y definitivos" y 17 "pagos por única vez", junto a 854 "excepciones" a distintos impuestos. Un festival que borra cualquier intención de seguridad jurídica, por supuesto. Estamos tan acostumbrados a pisotear las leyes, cambiarlas y suprimirlas, que nos parece normal y hasta saludable. Pisoteamos las leyes como se hacía con las uvas para producir vino.

La punta que destapó esta investigación notable fue la "causa Viazzo". Se inició con una pequeña denuncia en Mendoza a fines de 1999. Pero ya acumula ¡nueve mil fojas de dictámenes en 312 cuerpos de expedientes! Empezó como un chisme de peluquería: un señor llegó y dijo que el hermano de un amigo preguntaba algo tan banal como saber si había gente interesada en cancelar sus deudas con el fisco. Es decir, buscaba a un delincuente que hiciera favores a otros delincuentes. Así nomás. En noviembre de 2001 un ancho cúmulo de empresas fantasma cayó bajo la mira del juzgado de Julio Speroni. Una fiscal y dos contadores de la AFIP investigaron hasta que aquella causa de seis cuerpos llegó a tener ¡ciento diez! Pudieron descubrir usinas de facturas truchas que habían constituido más de ochocientas sociedades legales y vendido facturas a más de tres mil empresas. ¿Tomaste nota de la cantidad? Cada usina no trabajaba gratis, por supuesto, y se quedaba con el tres al diez por ciento del monto de la factura. ¡Un río de plata más largo que el Danubio!

De los tres mil casos investigados, dos mil ochocientos fueron enviados a la AFIP. Las doscientas empresas restantes se dividieron en doscientos legajos por orden del juez Rafael Caputo. Varios nombres poderosos son amigos de Cristina y Néstor.

Uno de ellos es el caso Gotti S.A., que alcanzó uno de los primeros puestos en el uso de esas facturas apócrifas. Un informe sobre la situación de esa empresa terminó con la salida del responsable de la AFIP en Comodoro Rivadavia. Aún no se ha logrado estimar el exacto monto evadido, tanto en IVA como en Ganancias. Pero se ha demostrado que desde diciembre de 2002 Gotti utilizó más de cinco mil facturas apócrifas por un monto de 400 millones de pesos. Muchos de sus "proveedores" aparecen mencionados en la inicial causa Viazzo: Anbaxi, Comaterm, Tah, Coltran, Estudio Premier, Servicios Industriales Roma. Los proveedores truchos de tantas facturas suman alrededor de cien.

¡Uf! Es agobiante, ¿no? Pero el informe de *Crítica de la Argentina* sigue...

Gotti es una empresa nacida en 1970, que comenzó a proyectarse en 1987 durante la intendencia de Néstor K en Río Gallegos (¡vaya coincidencia!). Desde entonces ganó la mayoría de los concursos de obra pública en la provincia. Su fundador, "Don Vittorio" Gotti, murió en un accidente de tránsito y su compañía fue golpeada por la crisis producida durante el gobierno de De la Rúa. Apareció entonces, mágicamente, la empresa Invernes (que en Santa

Cruz identifican como "Inversiones Néstor") haciéndose cargo de sus acreencias. El titular de Invernes es Guido Santiago Blondeau, también miembro del directorio de Austral Construcciones, una empresa de Lázaro Báez. Invernes y Austral tienen la misma sede en Buenos Aires: el quinto piso de Pasaje Carabelas 241. De hecho, Lázaro Báez maneja la firma que fuera de Don Vittorio. Con la presidencia de su hijo, Gotti se fue para arriba. ¿Cómo? Muy fácil: le adjudicaron 53 contratos de obra pública en Santa Cruz por 627 millones. Una bicoca.

No te marees, por favor.

Otro caso es la firma Palma. Tiene en común con Gotti al mencionado Lázaro Báez, y pudo probarse que la provisión de facturas truchas para las dos empresas salió de la misma usina. Como si fuera poco, Diego Palleros, el hijo del ex coronel traficante de armas, es cuñado de Lázaro Báez y conduce Palma. Palleros fue, también, socio de Enrique Esquenazi en la UTE Petersen, Thiele y Cruz. ¡Cómo se unen los hilos!

Conarpesa arrastra el lastre de cinco hechos de evasión agravada en sus balances. En un allanamiento judicial se encontraron facturas truchas por veinte millones de pesos. Según dijeron fuentes de la AFIP en Comodoro, tanto los expedientes de Gotti como los de Conarpesa están "demorados" y aún no se resolvió la situación procesal de los responsables. Fuentes judiciales calculan que la evasión entre los años 2000 y 2003 asciende a unos doce millones de pesos.

Ahora le pido un pequeño esfuerzo a tu memoria, porque Conarpesa saltó a una fama lúgubre luego de que Elisa Carrió acusara a la mafia de la pesca por el asesinato del empresario Raúl Espinosa en Puerto Madryn, ¿te acordás? Curiosamente, el equipo de básquet de la empresa en Madryn por aquella época jugaba con una camiseta que tenía una leyenda elocuente: "Kirchner 2003".

También es notable el caso de Raúl Naya Producciones, una vigorosa firma en el mercado de anunciantes y medios para diversas áreas: comunicaciones, films, planificación, compra de medios y la señal del Canal Rural. Desde julio de 2004 hasta abril pasado estuvo entre las cinco empresas vinculadas al cable que recibieron una mayor pauta oficial, con unos 6.412.401 pesos. También es curioso.

Otra megacausa por evasión impositiva es el "caso Di Biase", titular de Calibán, gran usina de facturas falsas dedicada a un arco iris de intereses: desde la fa-

101

bricación de juguetes hasta la compraventa de porotos. Uno de los primeros tropiezos de Calibán fue una factura por 2,4 millones de pesos a favor de Oca para pagarle a esa empresa postal la tira *Los Roldán*. En marzo de 2005 pasó a llamarse Infiniti Group, y de la investigación de su devenir tributario el juez López Biscayart dio de narices con el caso Skanska: la constructora sueca que usaba facturas de Infiniti para justificar sobornos a funcionarios K. ¿No es increíble?

Hay, en realidad, más de seiscientos casos como el de Skanska. En julio de 2007 Biscayart libró órdenes de allanamiento sobre 683 empresas sospechadas de usar facturas truchas, entre ellas Kappa (la marca de ropa deportiva), Nokia, Exxel Group, Emepa, Correo Andreani, Autovía Oeste, CTI, River Plate. ¿Quién se salva? Es un pantano que se extiende por el horizonte. La lista que ofrece la investigación de *Crítica* me abruma. Dudo si copiarla, aunque sea en parte. Figuran empresas como Disco, Frávega, Banco Columbia, Agulla & Baccetti y Wall Street Vía Pública, que (¡oh, me asombro!) es la empresa de la familia Albistur.

Pero las 3.638 denuncias penales de la AFIP formuladas desde 2006 en adelante serán, a partir de la nueva ley de blanqueo, granitos de arena escurriéndose entre las falanges de las manos.

Si de veras se aplicase la Ley Penal Tributaria, la sanción que correspondería a los evasores, según el tipo de delito, llevaría siempre a la cárcel, desde algunos meses hasta varios años. Pero ahora... ¡a descorchar champán! ¿Y los expedientes que ya son montaña? Que los regalen a los cartoneros, por lo menos servirán para algo.

Volvemos al tema: el perdón no impulsará el regreso de significativos capitales. Hasta se han insinuado sospechas como las siguientes: ¿qué pasará con quienes hagan el blanqueo, ingenuamente confiados en la palabra de las autoridades, y pronto sean acusados de evasores? ¿O eso no es posible? ¿Qué pasará si esos evasores son inscriptos en listas que usarán las organizaciones sociales para mantener activo el deporte del escrache?

Seamos objetivos. Para que vuelvan los ahorros y se realicen inversiones productivas es imprescindible la confianza. ¿Qué confianza se puede tener en una gestión que se la ha pasado burlándose del derecho de propiedad? Tanto lo han violado que se ha hecho carne la idea del utópico Proudhon sobre el carácter espurio de la propiedad privada. En nuestro país no suena bien defender la propiedad, ni siquiera invocando el artículo 17 de la Constitución, porque sería como defender el robo o la explotación más vil. Se escoge la frase "nos meten la mano en el bolsillo", pero no el demonizado vocablo "propiedad". Ni siquiera ocurrió durante el corralito, que fue la más bruta ofensa a la propiedad privada cometida en nuestro país. Pero en ninguna parte, menos en las tapas de los diarios, se mencionó que estaba siendo profanada. Suena a políticamente incorrecto.

Después de confiscar el dinero de los aportantes a la jubilación privada –asalto del que poco se habla ya–, algunos diputados oficialistas presentaron otros proyectos de ley para seguir lastimando la propiedad privada en forma oblicua, quizás creyendo que hacían un bien público. Proponían, por ejemplo, eliminar la exención del impuesto a las ganancias que rinden los intereses de los depósitos bancarios y que estimulan el ahorro privado. Además, proponían elevar la alícuota máxima del impuesto del 35% al 39%. Es decir, más impuestos, manotazos y rapiñas que dan placer al matrimonio presidencial. Pero lo cierto es que la gestión K ha entrado en pánico, porque ve disminuir los caudales que necesita su *Kaja*. Como resultado de su pésima conducta con la inversión y el desarrollo productivo, ha bajado la renta metalúrgica, se frenó la construcción inmobiliaria, fue destruido el sector agropecuario y se decretó un tarifazo brutal que deja exangües los bolsillos para comprar bienes, servicios y comida.

¿Qué más pueden hacer estos "progresistas" contra los malditos derechos de propiedad? ¿No se la pasaron ahuyentando capitales desde que se encaramaron y ahora, como si eso no hubiera ocurrido, piden que vuelvan los capitales, porque han descubierto que sin capitales no se abren fuentes de trabajo, ni se disminuye la pobreza, ni se reduce la exclusión, ni crece la economía? ¡Extraordinario! ¡Qué grandes son! Pero, ¿y la contradicción entre lo que hacían y hacen? No la ven. Creéme, no la ven. Es la *escisión del yo* que señaló Freud y que explica cómo es posible mantener al mismo tiempo dos visiones distintas, sin que el individuo advierta sus contrastes, a veces mayúsculos. Ambas visiones están a la vez en la conciencia, pero sin molestarse, como pasajeros de la misma estrecha carroza. Perciben el negro y el blanco, lo vivo y lo muerto, lo cariñoso y lo agresivo, lo favorable y lo desfavorable.

Otra escisión del yo (¿no será sólo arrogante impudicia?) empujó a que la Presidenta sermonee a las grandes potencias sobre la falta de controles financieros que determinaron la crisis económica mundial, de la que la Argentina, gracias a la sabia política de su marido y suya, puede excluirse. ¿Te acordás? Pronto (¿otra escisión?, ¿otra impudicia?) empezó a echarle la culpa de los males que ahora nos afligen a esa crisis que no nos iba a rozar.

Cada vez que los K pontifican o lanzan un proyecto, más se hunden en las arenas movedizas. Sus intentos para convencer al mundo de que la Argentina bajo su comando es un lugar seguro para invertir consiguen sonrisas o burla. Cuando de forma repentina la "reina" había ofrecido pagar de golpe los miles de millones adeudados a los países ricos que integran el Club de París, la mayoría de los analistas lo leyó como un síntoma de desesperación, no de fortaleza. Lo mismo sucedió cuando Néstor se despertó con la lamparita cerebral prendida y decidió apropiarse con un manotazo de los dineros ahorrados durante catorce años en las AFJP. La reacción fue una nueva y fenomenal fuga de capitales. Obtienen los resultados del aprendiz de brujo.

La "lavandería K" –así se denominó con triste humor al popular al blanqueo– permitiría que ingrese el dinero más sucio del mundo. Podrá venir sin que se le pregunte su origen, instalarse cómodo en nuestro territorio y desde aquí comandar operaciones de alto impacto, fabricar droga a lo grande, asociar cuantos ambiciosos andan sueltos y, de paso, lucir el resplandor de alguna obra solidaria, como enseñó Pablo Escobar durante su imperio en Medellín. Nuestro país podría convertirse en un paraíso para fortunas mal habidas, donde brillaría un nuevo y deslumbrante jet set. Surgirán barones y condesas, príncipes y marquesas, condes, vizcondes, emires y hasta reyes. Algunos descubrirán lazos de sangre con los emperadores incas o aztecas y otras remotas dinastías. Total, el dinero puede mucho y compra lo que quiere.

Por supuesto, tanto dinero puede generar inflación. Pero, ¡qué importa! El INDEC se ocupará de negarlo y Guillermo Moreno seguirá portándose como el buen salvaje que impone las cifras y domestica a los rebeldes. Además, también podemos soñar que parte de esas fortunas se orientará hacia inversiones productivas como ferrocarriles, caminos, hoteles, viviendas, exploraciones petroleras. Que podrían abrir numerosas fuentes de trabajo y generar un boom económico. Que el capital, tan odiado por los "progresistas" –esta vez realmente nauseabundo–, hará el milagro que no consiguen las buenas intenciones, ni los subsidios, ni las expropiaciones. Si se llegase al milagro de un crecimiento *miliunanochesco,* será la consumación de un pacto fáustico que no hubiera imaginado ni el talento de Goethe. Tendremos una vehemente dicha, un rejuvenecimiento colectivo, una potencia envidiable. Podremos contemplar maravillas como las que se elevan en un desierto como el de Dubai y otros emiratos del Golfo. El dicharachero matrimonio presidencial podrá justificar el ingreso de mafiosos y narcotraficantes recordándonos que los numerosos paraísos fiscales del mundo no preguntan de dónde proviene el dinero que les llega, sino que lo reciben con amor y se ocupan de cuidarlo.

Mientras tanto, ¿adónde fueron a parar la ética y los ideales del "modelo" progresista? ¡Pero quién se va a ocupar de esas bagatelas mientras nadamos en la abundancia! Néstor será aplaudido como un genio. Mefistofélico, claro, pero genio al fin. Entonces, con tanta plata anegándole los mocasines y más plata pegándosele al tronco gracias a mantener siempre abiertos los flancos de su saco, podrá decir: "*¡Argentinosh, ahora shí tenemosh un países en sherio!*"

Porque ocurre que hace rato dejamos de ser un país en serio. La ex jefa de la UIF (Unidad de Investigación Financiera), que depende del Ministerio de Justicia, advirtió que no existen suficientes controles para detectar el lavado de dinero incluso antes de que se instalase la *lavandería*. Esa Unidad carece de infraestructura y de poder para cumplir su rol. Así de simple. Además, es un organismo a "dedómetro", agregó dolida. Sus conocimientos le permiten asegurar que el plan de la lavandería a rolete que se acababa de aprobar vulneraba tratados y normas internacionales. Hasta ese momento, de todos los reportes efectuados por la débil UIF, que superan los cuatro mil, no se había aplicado aún ni una sola sanción. ¿Qué te parece? Bueno, animémonos a expresarlo: nuestro país es un paraíso. Claro, un paraíso de los delincuentes.

En cambio los verdaderos productores son y serán castigados cuando no se arrodillen ante el trono. La AFIP permanecerá ciega ante los evasores "amigos". Pero lastimará al resto. Ya lo hace con los odiados hombres del campo. Por supuesto que no son ángeles, pero generaron los años buenos que dilapidó Néstor y son los que menos capital mandaron al exterior. No alcanza al espíritu vengativo de los K el hecho de que votaron a Cristina en 2007. Tampoco que hayan destinado sus ganancias a comprar tractores, tecnología, agroquímicos, computadoras, mejorar sus viviendas y las viviendas de los peones. No. Como ganaron la pulseada del Congreso, son "enemigos" y, siguiendo una vieja orden del General, "¡a los enemigos ni justicia!"

Puede convertirse en un héroe de película o puede quedar involucrado en una operación de bajo vuelo. ¿De quién hablo?

Del fiscal Gerardo Pollicita.

Este hombre puso en marcha un operativo que al comienzo parecía imposible: sacudir a los más encumbrados nombres del kirchnerismo por graves delitos de asociación ilícita, crimen que no se considera excarcelable. Las reiteradas denuncias de la oposición fueron al fin escuchadas por este fiscal que ya lidió con Moliné O'Connor, los ex presidentes Menem y De la Rúa, y el ex vicepresidente Ruckauf. Afirmó que hay suficientes elementos para llevar adelante una investigación contra Néstor Kirchner, supuesto jefe de esa ominosa asociación, en la que se involucra nada menos que a figuras hasta ahora incombustibles como Zanini, De Vido, Ricardo Jaime, Claudio Uberti y empresarios amigos de la talla potente de un Lázaro Báez, Rudy Ulloa y Cristóbal López.

El juez Julián Ercolini, más prudente, explicó que la causa transita su etapa preliminar y que por ahora no habrá detenciones, sino que se reunirán pruebas para descubrir si hubo beneficios a costa del erario público. Deberán investigarse las concesiones de la obra pública, las áreas petroleras y los juegos de azar, entre otros rubros. Las evidencias deberán ser válidas, eficaces y congruentes con las hipótesis de la denuncia. Ercolini ya se había desempeñado para cerrar –cerrar– causas de enriquecimiento ilícito que comprometían al matrimonio presidencial. Hoy por hoy, la opinión pública quiere imaginar que aprovechará este segundo round para revelar si en su espíritu gravita un ángel ecuánime. Mientras, el gobierno no reflexionó sobre el papelón autoacusatorio que efectuaba al prohibir que una radio, una revista, un sitio de Internet y un canal de cable adictos difundieran la valiente decisión del juez Ercolini, que quizás sea histórica si llega a las últimas consecuencias.

El fiscal Pollicita, por su lado, viene con la credencial de una carrera impecable: quince años en los Tribunales y el cargo de secretario de la Cámara de Casación Penal bonaerense. Luego de algunos escalones fue designado fiscal adjunto de Stornelli. En 2005 le fue adjudicada la Fiscalía en lo Criminal y Correccional N° 11. Ha ganado un alto prestigio en el foro. Ojalá lo incremente.

La duda que me corroe, sin embargo, nace de la celeridad con la que han procedido tanto el fiscal como el juez. No ocurre en la Argentina de nuestros días, donde los colmillos de la Justicia sólo se exhiben contra quienes han perdido el poder, jamás contra quienes lo blanden como si fuese la espada del rey Arturo. Ya han surgido especulaciones –frecuentes en el clima escéptico que nos imponen tantos traumas– de que esta investigación se efectúa con el visto bueno de los acusados. De esa forma, antes de las elecciones legislativas de este año podrían, merced al virtuoso bordado de artimañas procesales, lucir su conducta como la de unos santos limpios de toda mancha.

No puedo disimular mi indignación ante el asunto que estoy por abordar.

La Argentina dejó de ser un simple territorio de tránsito en las rutas de la droga. Es ahora consumidor y productor. Cada vez estamos más enlodados por el delito. Carteles mexicanos y colombianos ya se han cruzado de modo criminal en el interior de nuestras fronteras. Durante la gestión K terminaron por instalarse. Tres personas fueron asesinadas en General Rodríguez por narcotraficantes mexicanos. Hubo dos homicidios en pleno shopping Unicenter al más indiscutible estilo mafioso. Y otros dos muertos en la estación ferroviaria de Constitución, acribillados por pistoleros colombianos.

En uno de los decomisos importantes de cocaína efectuado en la provincia de Buenos Aires se enfrentaron cuerpos de la seguridad nacional contra la provincial, ambos con órdenes de allanamiento emitidas por jueces distintos, lo cual revela el grado de incoordinación, irresponsabilidad, ineficiencia o locura de los que manejan un asunto tan grave. Fue asombroso que en esa ocasión se descubriese que los narcos mexicanos también trasegan cocaína, pues se daba por sentado que la efedrina era su único interés. Semejante suposición quedó desbaratada y el paisaje ahora es peor.

Sólo en la provincia de Buenos Aires se secuestraron durante el año pasado 2.304 kilos de cocaína, ¡cinco veces más que en 2007! Además, se descubrieron 73.000 unidades de paco frente a las 13.000 del año anterior. En cuanto a la metanfetamina, fueron halladas 200.000 unidades en comparación con las míseras 2.500 de un año antes. El crecimiento se hace en proporción geométrica. ¡Terrorífico! Sólo al decomisar marihuana se pudo comprobar que creció un 310 por ciento. Y eso que los decomisos y los secuestros de droga a menudo se parecen a los irrisorios cálculos del INDEC.

El norte no está radarizado, pese a que se viene denunciando esta peligrosa carencia desde hace años. Con mis propios ojos vi cuán fácil resulta traer cocaína desde la frontera boliviana mientras recorría esa zona en la etapa de investigación para mi novela *Los Iluminados*. Un capítulo de la obra reproduce gran parte de lo registrado en forma directa. También pude acceder a lugares donde aterrizan avionetas con su producto letal. Ahora se han descubierto vuelos que llegan hasta el corazón del país, en la provincia de Santiago del Estero. La Gendarmería deplegó un operativo cinematográfico y atraparon una avioneta Cessna manejada por dos bolivianos que transportaban casi trescientos kilos de cocaína de alta calidad. Los gendarmes se escondieron por semanas en patrullas de dos hombres a lo largo de cientos de kilómetros e hicieron caer en una trampa ese vuelo, que seguía un corredor seguro. Luego la mercadería iba a marchar por tierra hacia las provincias norteñas antes de dirigirse a los puertos, lo cual no despertaría curiosidad, porque se entendía que la droga baja de norte a sur.

La pista inicial de este ardid saltó al secuestrarse en Salta, bajo el piso falso de un camión de carga que iba hacia el norte, doscientos kilos de cocaína. Ir hacia el norte contrariaba la ruta lógica de la droga, como dije recién. Sucesivos operativos identificaron entonces otras operaciones aéreas y terrestres que seguían el método. También se identificaron acopiadores que brindan soporte logístico a varios traficantes.

En cuanto al Cessna capturado, pudo determinarse que había despegado desde Santa Cruz de la

Sierra, unos 400 kilómetros al norte de la frontera con la Argentina, haciendo un vuelo de larga distancia que disminuía las sospechas. Los tentáculos de una red tan sofisticada se extienden hasta España y Portugal, adonde la droga llega en los contenedores de buques de carga.

El jolgorio desatado por la gestión K también se asocia con los beneficios del juego. No importa que la combinación infernal de droga, juego y fortunas delictivas haga revolcar a Belgrano en su tumba, total nadie puede mirar sus doloridos restos mortales ni escuchar su lamento. Juego y droga son una combinación explosiva que afiebra la cabeza de Néstor. Agarrá esta evidencia.

Antes de dejar el Poder Ejecutivo para transferirlo (en apariencia) a su esposa, pretendió que el entonces jefe de la ciudad de Buenos Aires, Jorge Telerman, firmase un permiso para su amigo de Santa Cruz, Cristóbal López, con el fin de extenderle por dieciséis años la explotación del juego porteño. Es extraño desde el punto de vista institucional. A diferencia de las provincias, en nuestro débil sistema federal la Capital del país no tiene jurisdicción sobre el juego. Es sólo el gobierno de la Nación quien maneja este placer tanático. También es sabido que las autoridades capitalinas, por razones obvias, no cesan de reclamar su control, de la misma forma que reclama la policía y la administración del puerto. Consideran la falta de esos derechos como un agravio a su autonomía. Pero entonces, ¿por qué el más poderoso empresario del juego necesitaba de un permiso firmado por la débil Capital, y que ese convenio haya sido solicitado nada menos que por el omnipotente presidente de la Nación? Suena misterioso, pero la respuesta me parece simple: para protegerse de eventuales cambios en el actual sistema de competencias. Los argentinos sabemos que no existe estabilidad jurídica en ningún sector, y el del juego podría ser ahuyentado a los tiros apenas cambie la dirección del viento.

¿No te resulta molesto que el mismo Néstor Kirchner se haya ocupado en persona de asegurar el negocio de Cristóbal López? También el secretario personal del Presidente, Carlos Zanini, hizo lo suyo ante el entonces intendente de Córdoba, Luis Juez, según confesó el mismo Luis Juez, quien agregó otros datos que hielan la sangre.

Sigo, porque hay ribetes de novela. Sorpresivamente, y en contradicción con lo que pedía a la Capital Federal, el mismo Néstor le indicó al gobernador Felipe Solá que no se metiera con el juego, porque era un campo riesgoso. Su voz retumbó grave y paternal: "Te vas a encontrar con acusaciones falsas, o con amenazas a tu familia". Pero Solá tuvo la osadía de no hacerle caso en ese momento, puso en Internet el turbio negocio preexistente y no autorizó más bocas de expendio. La pregunta ácida brota sola: si el juego resulta peligroso, ¿por qué Néstor hizo gestiones directas en representación del millonario Cristóbal López?

El trámite del permiso deseado se renovó ante Macri, cuando asumió como nuevo jefe de la Ciudad. Es interesante que Macri y López no tuvieran que negociar, porque la administración kirchnerista actuaba como representante del infecto negocio, inclusive para determinar los porcentajes que corresponderían a cada uno. No le iban a pagar a Macri con el control de juego, sino darle una mayor participación de los impuestos que se recaudarían. Ni el hipódromo de Palermo ni los barcos dedicados al juego que están sobre el agua pertenecen todavía a la Capital, ni les pertenecerán mientras Néstor y López no lo consientan. Incluso la apertura de futuros casinos y máquinas tragamonedas seguiría siendo facultad del Ejecutivo de la Nación. Macri aflojó en el primer momento, pero tuvo la suficiente apertura para escuchar las críticas espantadas de sus colaboradores y reaccionó. Dio marcha atrás en el acto. Se rectificó y su rectificación fue un ejemplo positivo en un país donde se hace gala de intransigencia contra viento y marea, aunque lleve al desastre.

Muchos gobernadores se hallan en una situación similar a la de Macri. Frente a los maxilares de la *Kaja* no encuentran otra alternativa que vender su alma al diablo. El repudio de la Iglesia frenó por el momento a Scioli, dispuesto a autorizar la expansión del juego por toda la provincia de Buenos Aires, incrementando la pobreza y el deterioro de los valores ciudadanos.

Ahora vamos a otro aspecto muy sabido. La Argentina se ha constituido en 1853 como una República, Representativa y Federal. Pero esas tres palabras mienten.

No es una República, porque los tres poderes que la constituyen carecen de independencia y no se controlan entre sí. Desde hace rato que el único poder que importa y decide es el Ejecutivo, dominador del Congreso y la Justicia.

No es Representativa porque los concejales, diputados y senadores esquivan rendir cuentas al pueblo –que es su elector–. Sólo lo hacen al caudillo de la provincia o, peor aún, al de la Nación. Como ya dije, actúan de cara al trono y de espaldas a la gente, como si languideciéramos bajo la férula de una monarquía absolutista.

Tampoco es Federal. Todos los recursos se han encadenado al mítico Puerto, es decir al bolsillo del poder central con sede en la Casa Rosada y sus pabellones vecinos. Allí confluye el producto del esfuerzo nacional y desde allí, según los caprichos y cálculos del que gobierna, se "devuelve" algo. Esa devolución inecuánime, humillante y estranguladora se llama en forma rimbombante "coparticipación federal". En otras palabras, aunque en la letra se dice que somos un país federal, hemos permitido que nos encierren en una vil mazmorra unitaria. Y no protestamos porque nos han inculcado que es correcto y hasta moral un sistema basado en la rapiña. Ni siquiera somos capaces de advertir que contradice el espíritu de la Constitución Nacional. Esa "coparticipación" es una herramienta perversa del paternalismo, mediante la cual el presidente asfixia a los gobernadores y éstos a los intendentes y, con carácter transferencial, a los legisladores y miembros de la judicatura.

Impacta el bufonesco desfile de los gobernadores con la gorra en la mano. No piden regalos, no, sino lo que de veras pertenece a sus provincias. Más preciso: lo poco que queda para sus provincias luego de que la faltriquera del Puerto hizo pasar por el exprimidor la parte más nutritiva. Luego los intendentes van con su propia gorra a las casas de gobierno provinciales con el mismo propósito. Ese patético mecanismo de menesterosos debe acompañarse con gestos degradantes, como pronunciar halagos del intendente al gobernador y del gobernador al presidente. Prometerle lealtad y sumisión. Deben sonreír con la idiocia de los cortesanos. Muchas veces también deben renunciar a sus principios, contradecir afirmaciones anteriores y enmascararse para no dejar a la vista los forúnculos de su indignidad.

Nuestros padres fundadores desearon que la Ley permitiese que cada porción del país genere sus propios recursos y luego derive una parte al Estado Nacional, quien se ocuparía de las obligaciones generales como defensa, diplomacia y otros quehaceres, entre los cuales figura, desde luego, ayudar a las regiones menos privilegiadas. Pero no quedarse con toda la torta de los ingresos no coparticipables y distribuir sólo migas, como si fuese Tata Dios.

Más horrible es que los "representantes del pueblo" se trencen en cabalísticas discusiones sobre un punto más o un punto menos de la "coparticipación", cuando en realidad se trata de un robo a mano armada.

¿Cómo no va a irritarme que se haya vuelto a sancionar el impuesto al cheque, nacido como una medida transitoria, provisional, de emergencia, como todas las deletéreas medidas que se adoptan para despojar a la gente? La pregunta del millón que ahora te hago es ésta: ¿acaso no se firman cheques en Jujuy?, ¿en Río Negro?, ¿en San Juan? ¿Por qué entonces ese impuesto no queda donde se emite el cheque y en cambio un 85 por ciento de lo recaudado vuela hacia la *Kaja* y desde allí, según humores y conveniencias, se redistribuye, ¡cuando se redistribuye!? El caníbal impuesto al cheque le aporta a la *Kaja* nada menos que 22.000 millones de pesos, ¡cómo lo va a redistribuir mejor, con la voracidad que la caracteriza! Y pensar que muchos senadores, quienes debían defender a sus saqueadas provincias como gladiadores dispuestos a morir en la arena, se inclinaron de forma ruin para avalar el despojo. ¿Qué esperan esas provincias para hacerles juicio político y aplicarles una sanción ejemplar? Las provincias que no lo hacen, que me disculpen, están colonizadas por una dirigencia no menos ruin.

Esta forma de coparticipación es distorsiva al máximo. Consolida un sistema unitario y hasta unipersonal. La mayor porción de lo que se tributa no ayuda al progreso, sino a la decadencia. Hasta en el caso hipotético de que se redistribuyese según la moral, el mecanismo de entregar todo al Puerto para que desde el Puerto se devuelva algo a sus orígenes me recuerda los viejos carros aguateros que iban perdiendo su carga en la accidentada ruta y, cuando llegaban a destino, sólo quedaban pocas gotas. Mucho mejor sería que el grueso de los tributos quedase desde el vamos en los municipios y, si los municipios son grandes, que se dividan en secciones para que la recaudación sea más eficaz y transparente. De ese modo habría mayor control y responsabilidad, tanto para establecer los montos como para rendir cuentas sobre el destino que se le da al dinero. Una parte debería ser coparticipada a la provincia, claro. Y la provincia coparticiparía una parte a la Nación. Entonces no habría que pagar boletos de ida y vuelta, sino sólo de ida. Y no habría "favores" del gobernador a los intendentes ni del jefe del Ejecutivo a los gobernadores. Tampoco sufriríamos las pérdidas del carro aguatero lleno de perforaciones que dan de beber a los corruptos.

Provincias afortunadas en recursos naturales y humanos deben ahogarse en la miseria cuando su gobernador no le cae simpático al presidente. Al presidente no le importa el brillo de los programas provinciales ni los problemas que debe atender, sino que el gobernador y su séquito le chupen las medias de tal forma que se atraganten, y se atraganten al extremo de que haya que sacarles las medias con una traqueotomía, según graficó Luis Juez.

Es muy doloroso decir que nuestra sociedad tiene la culpa. ¡Pero yo lo digo, aunque me duela, aunque irrite porque es políticamente incorrecto! Si no la tiene nuestra sociedad, ¿quién la tiene? No demos más vueltas con el cuento de la buena pipa. ¡Reconozcámoslo! Basta de echarle la culpa al otro. Basta. Nuestra sociedad y nuestros líderes, ¿acaso sueñan o proyectan derribar este esquema luciferino de la co-participación federal vigente? ¿Urden estrategias para que las cosas cambien de una santa vez? Debemos recuperar la República con tres poderes independientes y bajo recíproco control. Debemos tener representantes verdaderos. Debemos consolidar un país Federal en serio, no unitario y menos unipersonal.

Nuestros dirigentes –con excepciones notables, debo reconocer– se han resignado a chapalear en el ergástulo y sólo pelean por monedas, como en las cloacas de *Los miserables*. No se atreven a acometer una rebelión que mejore de veras la redistribución del ingreso. No se alzan feroces contra el macaneo de una redistribución más cínica que una zanahoria puesta ante los ojos del burro.

A fines de enero de 2009 la tapa de los diarios cacheteó a los lectores con esta noticia: "El ex presidente Kirchner reparte obras millonarias en busca de votos". Durante el último mes se había reunido con cuarenta intendentes y prometido 5.000 millones a los que pertenecían al PJ bonaerense. Néstor usaba un cuaderno ajado con espirales rotas para anotar números, como los viejos almaceneros, o como sus antecesores descritos en *La Patagonia rebelde*. A uno le dijo: "Vas a ver, la obra pública cambiará el humor de la gente". A otro: "No te hagas problemas, este programa lo monitoreo yo". Sus actividades las realiza en la residencia de Olivos puenteando a los gobernadores, y suele presentarse a las reuniones acompañado por altos funcionarios, como si fuese aún el presidente. Define inversiones y obras clave. Muchos jefes comunales se van con la promesa de recibir hasta un ochenta por ciento para sus distritos en el reparto de los fondos nacionales, si consiguen ganar votos en las elecciones de octubre. Las obras deben ser impactantes: mejoramiento de escuelas, hospitales, construcción de viviendas, tendidos viales. Cuando se despide de los intendentes, Néstor les dice: "Cualquier problema que tengas, me llamás a mí".

¿Quién es este señor que ejerció la jefatura de Estado, pero que ahora no tiene *ningún* título oficial para disponer del dinero público? ¿Es acaso un dinero de su bolsillo? ¿Cómo se atreve a presentarse con las manos generosas de Papá Noel? ¿No es un delito que desparrame montos fabulosos que no le pertenecen? ¿No es un escándalo que se presente rodeado de funcionarios de un Estado que "nos pertenece a todos"?

¿Y la ecuánime coparticipación federal? ¿Y el estado de Derecho?

La narcótica inyección de la *Kaja* se aplica al conurbano bonaerense donde se definirá la elección. Esto se hace sin escrúpulos, porque viene acompañada de una antidemocrática discriminación hacia el resto de la provincia (y ni hablar de las demás provincias). Los intendentes opositores no reciben ni un peso más, porque sus votos no interesan. Un jefe comunal que se excusó de revelar su nombre –"si no, me cortan la cabeza"– denunció que "hacen reuniones en Olivos e invitan a los más obsecuentes; nos dejan afuera de todo". Julio Barbieri, intendente de San Pedro y radical, se lamentó con las siguientes palabras: "Es muy injusto; se daña a la gente, que es la más perjudicada; la política no está para eso". Y detalló que hubo pedidos concretos al gobernador Scioli y la ministra de la Producción para la cosecha de naranjas, junto con un subsidio para los que perdieron todo con la sequía. "Esperamos desde hace más de medio año, pero la ayuda nunca llega."

El tema de la Justicia es un laberinto. Quienes han tenido la suerte excepcional de vivir lejos de ella no han sufrido sus malos tratos, lentitud o mordiscos de piraña. Los atentados de los 90 reinstalaron la exigencia bíblica de "¡Justicia, justicia perseguirás!" Pero no hay justicia en un sentido tranquilizador, ni se persigue a muchos delincuentes y se renuevan los privilegios de quienes gozan del poder. En el *Martín Fierro* el Viejo Vizcacha aconsejó: "Hacete amigo del juez/ no le des de qué quejarse". Del juez, no de la Justicia. Por algo era un pícaro.

Perón inauguró el hábito de que cada presidente –sólo se eximió De la Rúa– modificase la Corte Suprema. Mariano Grondona, antes de la hábil ampliación a nueve miembros decidida por Menem, le propuso que no lo hiciera para convertirse en el primer presidente que no tocaba la Corte luego de tantas inestables décadas. Menem pensó unos segundos y respondió: "¿Me propone entonces que me convierta en el primer presidente boludo?"

Está claro que Menem fue sincero: respetar la Justicia es entre nosotros una característica de boludos.

Con la Reforma Constitucional de 1994 se creó el Consejo de la Magistratura por iniciativa de Alfonsín. Urgía elevar el nivel de los jueces mediante una rigurosa selección y el seguimiento de su tarea. La elección de un juez tiene tres etapas, de las cuales dos son definitivamente políticas: el candidato que el Ejecutivo escoge de una terna y la aceptación o veto que aplica el Senado de la Nación. Queda una sola instancia que no es totalmente política y merecería ser profesional en serio: la primera, la dedicada a estudiar el currículum y las cualidades del candidato, además de tomarle un examen riguroso.

Nuestra sociedad (¿narcotizada?) toleró la burla que significó demorarse cuatro años para poner en funcionamiento ese Consejo. El Ejecutivo se esmeró durante ese lapso interminable para atarlo de pies y manos, con el evidente propósito de que no se filtrase un solo nombre que podría serle adverso. Más empeño aún le dedicó al Jurado de Enjuiciamiento, para que se cortara la cabeza de los jueces que se atreviesen a hostilizar a un corrupto en funciones. Resultado, la composición del Consejo quedó integrada de manera defectuosa desde sus inicios: nueve miembros profesionales (abogados, académicos, jueces y un representante de la Corte). Pero debidamente neutralizados con cuatro diputados, cuatro senadores y un representante del Ejecutivo. En síntesis, la única instancia donde no debería reinar la política sino la excelencia fue emasculada ante los ojos indiferentes del pueblo y los medios de comunicación.

Desde entonces son los políticos quienes manipulan el Consejo gracias a sus malas artes, que incluyen el extorsivo recurso del quórum.

La función múltiple de sus integrantes políticos –que se dicen muy ocupados por sus otros cargos– cajonean varios temas por falta de tiempo y hasta hubo "nuevos" proyectos que habían sido presentados con anterioridad, pero ya los consejeros no se acordaban... ¡Qué seriedad admirable! Desde luego que no se avanzó un centímetro en la prometida reforma judicial. Siempre andan muy ocupados. O desocupados.

La misma persona que iba a mejorar la institucionalidad del país –me refiero a Cristina, obviamente–, cuando fue senadora mientras su marido ejercía la presidencia, apretó enardecida a sus colegas para distorsionar más aún el Consejo y reducirlo a obsecuente vasallo del Ejecutivo de turno mediante la gravitación de una mayoría oficialista. El Consejo es funcional al gobierno, no a la Justicia. Diana Conti, comisario de los K en esa institución, afirmó que "nosotros no imponemos ni vetamos: negociamos y los demás acceden de buena gana". De buena gana...

¿Algún ejemplo? Se efectuó una sonora discriminación en el concurso que debía llenar seis cargos de la Cámara de Apelaciones en lo Civil. Mediante una votación ilegítima liderada por Diana Conti, se excluyó de las ternas al candidato mejor calificado, que era el doctor Pedro Lanusse. La consejera se arrogó una "vocación democrática" que la autorizaba a tachar a este profesional porque había ejercido la magistratura durante el Proceso. No explicó la diferencia entre este caso y los numerosos jueces que ahora integran la Justicia y hasta el más alto tribunal de la República, sin que se les enrostre semejante pecado. Hasta los K eran amigos de varios militares del Proceso y se enriquecieron sin la menor interferencia a sus actividades.

Lanusse acudió a la Justicia blandiendo la Constitución. Pero varios jueces del fuero contencioso administrativo, con pánico en el alma, rehusaron intervenir con la débil excusa de que ya participaban en otros concursos y una jueza dijo, además, que había sido denunciada por emitir fallos irritantes al gobierno. Pero, ¿y los principios de la Justicia?

Esteban Furnari, del Juzgado N° 2, intervino en este caso, pero después declinó proseguir por extrañas razones de "decoro y delicadeza". ¡Qué términos! La Sala III también esquivó la medida cautelar porque "la cuestión se había tornado abstracta". ¿Abstracta? Sí, porque el Consejo, mientras tanto, ya había elevado las ternas –mal confeccionadas y cuestionables por donde se las mirase– al Poder Ejecutivo. Entonces Lanusse se presentó ante la Corte Suprema. En tiempo récord sus miembros, con la excepción de Eugenio Zaffaroni, resolvieron que la negativa de la Cámara a tratar la apelación no implicaba privación de justicia y archivaron el expediente. ¡Lo archivaron! Es decir, la Corte también recurrió a una cuestionable formalidad para que este asunto no fuera atendido en forma correcta. Enrojeció la evidencia sobre el desamparo que sufren los jueces y fiscales que tienen méritos y pretenden servir a la verdad.

¿Otro ejemplo que fue tapa de diarios?

La Cámara de Casación ordenó la liberación de detenidos que permanecían en prisión preventiva muchos años más de los tres que estipula la legalidad. No le gustó al Ejecutivo, porque era gente acusada de haber cometido delitos graves durante la dictadura. Pero la Justicia había procedido según los códigos, y no debe apartarse ellos para ser Justicia. El Ejecutivo reaccionó con absoluta falta de respeto. La Presidenta no se privó de expresar en la embajada de Francia que tenía vergüenza de la Justicia argentina. ¡Ella, que había distorsionado el Consejo de la Magistratura! No contenta con eso, el gobierno nacional impulsó la destitución de los camaristas que actuaron en armonía con lo estipulado por la Corte Interamericana de Derechos Humanos, lo cual nos deparará otro papelón de magnitud, como si ya no tuviésemos bastante. En efecto, la prisión preventiva no puede ser utilizada de forma arbitraria, máxime si los mismos poderes Ejecutivo y Legislativo no han tenido la voluntad de modernizar los tiempos que rigen en la Justicia. No olvidemos que fueron legisladores del oficialismo quienes se negaron a tratar un proyecto de ley elevado por la oposición para agilizar, precisamente, las causas contra quienes están acusados de excesos en la represión. Te recuerdo que esa iniciativa fue impulsada nada menos que por Ricardo Gil Lavedra y Andrés D'Alesio, dos miembros de la Cámara Federal que en 1985 condenaron a reclusión perpetua a integrantes de las juntas militares. Pero los legisladores obstruccionistas y el Ejecutivo cómplice les echan la culpa a esos camaristas, con lo cual ponen en evidencia, una vez más, y con luz potente, cuán baja es la consideración institucional hacia la Justicia.

Pocas veces una gestión cometió tantas torpezas para serruchar su propio piso. En una tragicómica seguidilla de errores Néstor desperdició los vientos a favor como ninguno. Ni ha tenido en cuenta el sueño que el joven José interpretó al Faraón sobre las siete vacas gordas devoradas por siete vacas flacas. El Faraón, que sabía escuchar –cosa que Néstor y Cristina no pueden–, aprovechó los años de opulencia para enfrentar con éxito los siete de sequía. Es un elemental "modelo", bastante antiguo, pero no el que aquí se declama y todavía no sabemos en qué consiste, excepto enriquecer al círculo de amigos.

El poder K iniciado en 2003 se consolidó por una recuperación económica que ya venía desde fines de

2002, y a pesar de las medidas que lanzaba el arrogante matrimonio basado en arcaicos pólipos ideológicos. Una gestión que se empeñó con furia en maltratar y expulsar inversiones extranjeras y castigar a los inversores nacionales. La gobernabilidad se mantuvo por la bonanza económica, de lo contrario hubiera durado tanto como la de Rodríguez Saá o Puerta o Duhalde. El miedo al caos y el miedo a los K jugaron un papel, pero no hubieran sido suficientes.

Establecida Cristina como jefa de Estado, mientras aún las cosas andaban bien, el régimen arruinó cuatro meses productivos en una guerra absurda con el sector agropecuario para arrancarle su dinero mediante una resolución anticonstitucional. Después quiso ganarse la confianza del mundo saldando deudas con el Club de París, pero enseguida cometió la imprudencia de violar la propiedad privada poniendo en su bolsa sin fondo el ahorro de nueve millones de argentinos. Más adelante, la infatigable vocación "docente" de Cristina pretendió dar lecciones a los países desarrollados sobre cómo manejar crisis económicas y aseguró que la plaga no nos tocaría. Ahora la culpa de todo la tiene esa plaga, como ya señalé antes. Pero tanto ajetreo cargado de borracheras omnipotentes les encogió la popularidad. El matrimonio se parece ahora a unos nadadores inexpertos que golpean el agua sin ton ni son, incapaces de ver la costa. Ella usa el recurso de una virosis llamada "anuncitis". Semana tras semana anuncia, inaugura, viaja y se hace aplaudir por una claque de adulones, mientras la prensa es obligada a cubrir los actos que, en su mayoría, son intrascendentes y deberían estar a cargo de funcionarios de tercera o cuarta línea. En varias ocasiones repite los anuncios porque ni sus asesores encuentran suficiente material para introducir alguna sorpresa positiva donde se percibe el derrumbe del otrora poderoso dúo. Habrá que ponerle soportes para que llegue –por lo menos ella debería llegar– a diciembre de 2011.

Una medida racionalmente saludable consistiría en inyectar estímulos efectivos a la productividad eliminando las retenciones a la exportación. Que deje de perder el tiempo engañando y engañándose con tantos anuncios. La eliminación de esas retenciones provocaría un entusiasmo productivo intenso. Pero, claro, significaría una merma de afluencias a la debilitada *Kaja*. El gobierno tendría menos fondos para condicionar y someter. Pero ganaría el país, porque habría una vigorización épica de la economía. ¿Les interesa que gane el país? Ya escuché que Néstor quiere imponerse a toda costa, aunque deje al país destrozado. No es como Hitler, desde luego; pero Hitler acusó a los alemanes por su fracaso, diciéndoles que debían pagar por no haber hecho lo suficiente para el triunfo nacionalsocialista. Mantuvo intacta su terquedad hasta que no quedó piedra sobre piedra. En materia de terquedad se parecen.

Nuestras exportaciones se orientan a mercados mundiales que serán menos propicios en el futuro inmediato, ya sea por la recesión que afecta a Europa, Estados Unidos y Asia, o porque muchos países han devaluado sus monedas como Brasil, Chile y México. Casi el ochenta por ciento de nuestras exportaciones se verán afectadas. Si a eso, imposible de modificar, agregamos retenciones, estas retenciones son como el veneno para un paciente. El superávit comercial está en serio riesgo, porque es el único recurso genuino que le queda al Banco Central para ganar reservas en dólares, cruciales durante este año si quiere hacer frente a los millones de deuda pública que se alzan en el horizonte como el monstruo del lago Ness. Al frente de la economía nacional hacen falta expertos, no pingüinos de una provincia desierta que vivía de las regalías petroleras y tiene mínima experiencia en producción a gran escala.

El alto nivel recaudado por las exportaciones hasta comienzos de 2008 no se debió a la genialidad de la administración K, sino al exagerado precio de las *commodities* y el volumen de exportación. Países latinoamericanos sin un matrimonio presidencial tan sabio, sensible y previsor como el nuestro –Perú, Chile, Bolivia, Brasil, Uruguay, Colombia y Paraguay– han aumentado el nivel de exportaciones más que nosotros. Sí, más que nosotros. Para no creer. Y están en mejores condiciones para afrontar la tormenta que se viene.

Es que las retenciones pueden jugar en contra de la inversión productiva. Depende del volumen de la retención y el estado de cada sector en particular. Para tener una idea de su daño, basta señalar que nuestros deletereos gravámenes al comercio exterior superan mucho al de Brasil y al de Chile. ¿Qué tal? ¿No es propio de verdugos?

Se anunció un plan para "salir a conquistar nuevos mercados" mientras se obliga a la producción agropecuaria a quedarse encerrada en silos y frigoríficos, porque el gobierno nacional no quiere perdonarle la derrota que el campo le infligió en el

Congreso. Nuevamente: cosa de locos. Hay abarrotada carne vacuna y porcina. Los tambos deben tirar leche y quesos vencidos. En Rusia la Presidenta tuvo que tragarse un reto por no facilitar nuestras exportaciones mientras pide que se le abran mercados. La miraron como un psiquiatra a un demente.

El aumento del gasto público –la simplificada receta de Lord Keynes– no será posible si no se supieron acumular recursos durante los años de las vacas gordas. No se han creado fondos anticíclicos mientras nos bendecían los vientos de popa. El dinero fue dilapidado con un estéril aumento del gasto público, cuyo fin era consolidar el poder K, no vigorizar la economía. En consecuencia, aumentó el riesgo país y hubo que pedirle auxilio al simiesco Chávez, quien compró bonos a un interés tan alto que triplicaba los del FMI y que, sin temor de ponernos en ridículo, vendió en menos de una semana porque le quemaban los dedos y... le convenía. ¡Qué propaganda le hizo este gran amigo a nuestros bonos! No obstante, Chávez sigue siendo el gran aliado (o Gran Hermano).

Hacia fin de 2008 parecía que el gobierno entraba en razones. Que en su fiebre de anuncitis iba a proclamar una intención seria para beneficiar al sector productivo atormentado por este gobierno, la situación internacional y una prolongada sequía. Eso habría provocado un inmediato ascenso de la mínima popularidad que Cristina supo conseguir. Pero no. Dominó en su espíritu otra vez la venganza, la pequeñez. Con el escenario que arman en Olivos, iluminado por el paisaje verde de los jardines, sólo rebajó un cinco por ciento a las retenciones del trigo y el maíz, y ni un centavo para el aborrecido "yuyito" de la soja. Otra bofetada, otro gesto de arrogancia. Sólo fue generosa con las frutas y hortalizas, cuyas retenciones pudo reducir, como favor excepcional, en un cincuenta por ciento.

Para darle más textura a su majestad de utilería, dedicó unos párrafos que descalificaron en público a la reciente ministra de la Producción, Débora Giorgi, y luego hizo lo mismo con el ministro de Justicia, Aníbal Fernández. Uno de los momentos culminantes del show fue cuando lanzó el disparate de haber creado cinco *feedlots* de 40.000 terneros Holando. Para semejante decisión no fueron consultados los organismos especializados como el INTA o la Secretaría de Agricultura que, lo mismo que otros ministerios o reparticiones, se enteran de súbito, como arrancados del sueño, sobre decisiones tomadas en el hermético Palatino de su privacidad. De estos *feedlots* sólo estaba enterado el patovica de Guillermo Moreno, tal vez su anónimo autor, quien tuvo la impudicia de celebrar la medida con un júbilo extemporáneo. Implicaba un salto al vacío que los entendidos calificaron como ineficiente, costoso y lleno de riesgos, porque podría llevar a una masiva mortandad de terneros. La Presidenta había olvidado que un par de semanas antes afirmó que en el país se sacrificaban 600 mil cabezas de terneros y en ese momento sólo se refirió a 200 mil. Bah, una pequeña diferencia.

El espíritu de sanguinaria confrontación que anima al matrimonio se manifestó al día siguiente de esos anuncios en una misa que celebró el cardenal Bergoglio en recuerdo de la paz lograda con Chile por monseñor Samoré en base a la nunca desmentida virtud del diálogo. En esa ocasión también estuvo invitado el Vicepresidente. Pero Cristina hizo toda la fuerza que le permitían sus músculos cervicales para mirar hacia el otro lado y evitar siquiera rozarlo con sus pupilas. Fue un hiriente ninguneo que aplica con sadismo por razones importantes o baladíes. Un ejemplo del odio a la conciliación, al diálogo y a la paz que debería ser mostrado en nuestras escuelas, para que los chicos adviertan cuán mezquino es portarse así con los semejantes.

Ha superado todas las marcas cuando retiró a los granaderos de Yapeyú al cumplirse en febrero pasado otro natalicio del Libertador, porque allí estaría el Vicepresidente, invitado por el gobernador de Corrientes. La indignada población, ante semejante despropósito, concurrió en masa, y los granaderos ausentes fueron reemplazados por estudiantes con uniformes improvisados. El Ejecutivo cometió un papelón mayúsculo inspirado por su miopía y su odio. Jorge Fernández Díaz nos recordó una frase de San Martín que le viene justo al disparate cometido por el desfogado matrimonio presidencial: "El que se ahoga no repara en lo que se agarra".

Los trabajadores argentinos se dividen entre los que están en negro y los que están en blanco. Estos últimos deben pertenecer a un solo gremio por actividad, conducido por gente que se apodera del timón y de sus ingresos para siempre, hecho que ha tratado de corregir la Corte Suprema al permitir la libre agremiación, lo cual provocó reacciones insolentes y ningún deseo de acatar.

Nuestro sindicalismo ni siquiera cae bien en la OIT, porque sus dirigentes ya fueron percibidos como dinosaurios de mentalidad fascista y bolsillos angurrientos. Casi no hay dirigente sindical que no sea un multimillonario, algunos de los cuales se han hecho fotografiar en sus estancias o fastuosos inmuebles. Veranean en los hoteles sindicales durante enero, mientras las legiones pobres lo hacen en febrero. No se mezclan. Y estos privilegios son tomados como normales. Unas pocas excepciones confirman la regla.

Cuando el gobierno de Fernando de la Rúa quiso obligar a los opulentos dirigentes a efectuar una declaración de bienes, aturdió su grito de protesta.

¡Cómo se atrevían a pedirles rendición de cuentas! ¿Por qué debían hacer públicos sus patrimonios? En un país tan justo y transparente como la Argentina, ¿cómo se iba siquiera a sospechar de la ética que habita en el corazón de los dirigentes sindicales, la columna vertebral de un movimiento político que gravitó en el destino nacional durante setenta años?

Antes de restablecerse la democracia fue denunciado el pacto militar-sindical. Pero Alfonsín les tuvo más consideración a los sindicalistas que a las cúpulas militares y evitó juzgar sus enriquecimientos y maniobras. Esa generosidad no contribuyó a mejorar las relaciones sociales ni a consolidar la democracia, sino a tornar más agresiva la extorsión gremial. Catorce paros generales (políticos) e innumerables huelgas por diversas razones desquiciaron al gobierno, destruyeron el exitoso plan Austral y quebraron al país.

Como por arte de magia, durante la gestión peronista de Menem cesaron las huelgas. Ahora que critican duro los años 90, no explican por qué fueron tan dichosos con Menem, su farándula, su variopinta dirigencia y sus políticas.

La sensibilidad social de los jefes gremiales llama la atención, verdaderamente. Por ejemplo, no parece importarles los desocupados ni los excluidos. Tampoco les importa que falten estímulos a la productividad, que no se abran nuevas fuentes de trabajo, que no mejoren la salud, la seguridad y la educación, porque todo ello sólo se consigue con inversiones que exigen paz social y seguridad jurídica, campos que no cesan de sabotear. Sólo les interesa mantener el apoyo de su tropa enceguecida y acuartelada tras leyes inmovilizadoras que inducen a la desaceleración económica y la ilusión de que los trabajadores están protegidos. Pero quienes están protegidos son los dirigentes, que negocian por sus intereses con los gobiernos de turno exigiendo favores y privilegios que no atienden a las necesidades reales de la nación.

Te voy a contar algo muy turbio. Fijate bien.

El Banco Mundial giró 285 millones de dólares a los principales dirigentes sindicales para el saneamiento de sus obras sociales, que recaudan cataratas de dólares. No obstante, presiones de todo tipo lograron un artilugio procesal para que prescribiese el misterioso destino que esos fondos. ¿Un escándalo más? Sí, pero con resonancias alarmantes. ¿Qué había pasado? Un fiscal y un juez habían descubierto significativos indicios para indagar a dos centenas de gremialistas. Gruesas sumas habían sido desviadas hacia otras aplicaciones, en muchos casos hacia un caricaturesco enriquecimiento personal mediante consultoras y empresas fantasma. Además, varias personas cargaban sospechas en el Ministerio de Salud por malversar subsidios mediante expedientes fraguados.

¡Pero estamos en la Argentina inmoral! Los jueces de la sala 3 de la Cámara de Casación modificaron la carátula de "peculado" por la de "defraudación". Ingenioso. ¿Sólo un juego de palabras? Sí, pero con ese juego la jurisprudencia determina que el dolo está prescrito. ¡Prescrito! Qué juego tan inocente, ¿no? Una perla de la viveza criolla. Me pregunto perplejo: ¿qué habría impulsado a los miembros de la Cámara a realizar tamaño brinco para premiar ladrones manifiestos? ¿Qué amenazas les soplaron en la nuca? Ahora el caso depende de la Corte Suprema, que podría aceptar la apelación elevada por el fiscal de Casación Penal. ¿Podemos confiar en la Corte? Estemos atentos, no pasemos el asunto tan rápido al cajón de los olvidos.

El jefe de la CGT es el jefe del poderoso gremio de los camioneros, que exige dominar toda rueda que gire por la calle, aunque sea un sulky o una carretilla. Lo viene consiguiendo por las buenas o por las malas. A finales de noviembre de 2008, su hijo bloqueó la distribución de los diarios *Clarín* y *La Nación,* pese a que semejante medida era un ataque a la libertad de prensa. Fue un hecho sin precedentes que profundizaba nuestra anomia. Tan irritante era la agresión que tuvo que producirse un telefonazo de la Casa Rosada para que levantaran el sitio. Los matones se despidieron con anuncios de proseguir la lucha. *¿De qué lucha hablan?,* preguntó doña Rosa. Tenía razón. ¿Qué tipo de lucha está aliada con el silenciamiento de la prensa independiente y el descrédito de hombres limpios como el del dibujante Hermenegildo Sábat, a quien Hugo Moyano calificó de delincuente? El gobierno se limitó a "lamentar" lo ocurrido, sin tener en cuenta el artículo 161 del Código Penal, que respecto al delito contra la libertad de prensa ordena claramente: "Sufrirá prisión de uno a seis meses el que impidiere o estorbare la libre circulación de un libro o periódico". ¿Nos imaginamos que alguien, en nuestro país reducido a la indignidad, se atreviera a cachetear con semejante artículo a Pablo Moyano, hijo del secretario general de la CGT? Tampoco ningún líder obrero mostró la nobleza de repudiar el atropello. El silencio otorga, dice la sabiduría popular.

Un dato que aúlla asombro es la presencia casi a diario, en las ceremonias oficiales del gobierno o del Partido Justicialista, de Hugo Moyano, precisamente. ¿Equivale a un ministro, quizás a un jefe de ministros? Tiene acceso libre a cualquier repartición pública, desde la Casa Rosada hasta el sitio donde se le cante. Volvió a impedir que la CTA obtenga su personería jurídica, pese al fallo sobre "libertad sindical" que firmó la Suprema Corte. Incrementó los multimillonarios subsidios de la Secretaría de Transporte para la "capacitación de los camioneros". Instaló a su abogado al frente de la Superintendencia de Servicios de Salud y ahora, con esta herramienta en la mano, va por "la urgente reparación histórica de las obras sociales sindicales" en detrimento de las llamadas prepagas (¡lo que se viene!). Acumula *in pectore* los candidatos que pondrá en las listas electorales de este año para seguir arrancando concesiones a Néstor –el olímpico Néstor–, aunque escupa rayos y centellas. Don Hugo merece un monumento: ¡ha instalado la "patria sindical"!

Cuando se criticó a Perón por haber convertido a los sindicalistas en una corrupta y bloqueadora columna vertebral de su movimiento, aclaró que sí, era una suerte de columna vertebral, pero él no fue tan ingenuo como para concederle los millones de las obras sociales: eso lo hizo el tonto de Onganía. Desde entonces los trabajadores se convirtieron en rehenes de sus líderes que maniobran, extorsionan, roban y hacen cuanto se les ofrece, blindados por la impunidad. Por eso Luis Barrionuevo (llamado "el filósofo", porque dijo al comienzo de la era menemista que si se dejaba de robar durante dos años el país se recuperaba y que ahora, con los K, bastaría que se dejase de robar sólo seis meses) explicó que el sindicalismo no es un convento de carmelitas.

Para colmo, los sindicatos brindan a menudo el ejemplo de resolver sus conflictos como bandas de pistoleros. En diciembre de 2008 se produjo un luctuoso enfrentamiento entre militantes el gremio lechero (Atilra) de Rosario con la dirigencia nacional del mismo gremio, que produjo un muerto y dieciocho heridos. Incluso aparecieron acusaciones de haber contratado grupos de choque y barrabravas.

Después fueron los integrantes de la aguerrida Unión Obrera de la Construcción (UOCRA) quienes también recurrieron a los tiros. Sucedió un día antes de los comicios internos, en la seccional de La Matanza, donde encararon sus diferencias mediante relámpagos de cuchillos y armas de fuego, en una batalla que culminó con treinta presos y un herido grave. La gresca empezó al irrumpir un grupo que no había sido inscripto para ordenar la intervención de la seccional. A su paso ese grupo iba incendiando autos, patrulleros y rompía vidrios que hirieron a varias personas. De un lado se aducía que no se inscribieron en el momento acordado, mientras del otro afirmaban que pedían la intervención por falta de garantías en la pureza de los comicios.

Otra seccional, la de Lomas de Zamora, había sido intervenida antes, en octubre, luego de una pelea similar que se cobró cuatro heridos de bala.

En los tribunales se sabe que cualquier conflicto laboral, por disparatada que sea la demanda, termina dándole la razón al trabajador. Es una de las pocas realidades que se ajustan a la *Marchita* que cantó Menem, cantan los Kirchner y cantan todos los justicialistas millonarios: "combatiendo el capital". Ahí, en los estrados, se combate sin tregua al capital, aunque por otras vías se le implore que venga a inaugurar fuentes de trabajo. Corresponde a las contradicciones de la ideología peronista, o lo poco que de ella va quedando. El juicio es un trámite para mantener la falsa imagen de que aquí amamos la ley (la ley de los amantes infieles). Es una situación dañina, lógicamente, porque desestructura la credibilidad, desactiva la inversión y aumenta el desempleo. Constituye un espaldarazo a la litigiosidad arbitraria y un negocio para los *abogángsters.* La empresa debe esforzarse por hallar la "prueba negativa" y, si por milagro el trabajador pierde el juicio, éste tampoco paga las costas judiciales.

¡Grande, muchachos!

El verdadero ministro de Economía es Néstor Kirchner, cuya mejor espada es Guillermo Moreno, el secretario de Comercio, que ya ha producido un mar de anécdotas rudas y hasta increíbles sobre el maltrato que aplica. Su función equivale a la del domador de circo que somete a latigazos los factores de la producción y falsea los índices del INDEC para hacernos creer que no hay inflación, que las recaudaciones marchan mejor que nunca, que es inexistente la crisis energética y que están llegando en veloces carabelas toneladas de oro, euros y dólares para ser invertidos en el país más seguro y confiable del mundo. Moreno es un personaje que quizás enriquecerá la historia pintoresca de nuestro país como lo hicieron el Petiso Orejudo, Chicho Grande y Chicho Chico, Aloé, López Rega, Lastiri, Galtieri y otros de una extensa galería.

El titular del Ministerio de Economía, sin embargo, se llama Carlos Fernández. Pero se desconoce su real gravitación. Algunos aseguran que la mayor parte del tiempo se la pasa ayudando a su hijo en el estudio de las matemáticas, porque las decisiones importantes las imagina, planea y adopta Néstor en su refugio de Olivos.

No debería sorprender. Desde que asumió, Néstor ha impuesto el desconcertante hábito de no efectuar reuniones de gabinete, así las órdenes emanan de un volcán unipersonal y se bloquea con lava quemante la posibilidad de que algún desubicado formule objeciones. Cristina sigue ese estilo, contradiciendo también en esto sus promesas de cambio. Como a su marido, no le produce insomnio una planificación a mediano o largo plazo, sino el día a día. Los K se diferencian mucho de los presidentes de Brasil y Chile, por citar algunos próximos. Parecieran seguir una confesión de Groucho Marx: "Estos son mis principios; si no le gustan (o no me llegasen a gustar a mí) tengo otros".

El gobierno y su círculo de amigos dilapidan su impunidad como antes lo hizo Menem. Se persigue sólo a quienes no tienen o perdieron el poder, sean militares o civiles. Las declaraciones públicas del fiscal Manuel Garrido ponen la piel de gallina. Dijo que no puede investigar a los funcionarios en actividad, aun cuando todos los caminos de la culpa conduzcan a sus despachos. Así de directo, así de audaz.

Hay datos que nos parecen aceptables, pero deberían suscitar polémica al mirarlos con lupa, aunque sea chica. Por ejemplo el 57 por ciento del precio del automóvil corresponde a impuestos que se chupa el Estado (la *Kaja*).

Los beneficiados perpetuos de las operaciones son el gobierno K y sus bancos amigos, obvio. Para seguir obteniendo poder y ganancias se necesita eternizar la ignorancia y la pobreza, mientras se predica lo contrario. ¿Cómo se las arreglarían Chávez y los Kirchner sin pobres sumidos en la ignorancia, muchos con hambre? Esa pobreza, merced al "progresismo" o "modelo", ascendió del 27 al 32 por ciento, según últimos datos. Totalizan alrededor de 12 millones de personas que aumentan su número a un ritmo de 100 mil nuevos pobres ¡por mes! Y son votos.

Como nota de color vale la pena recordar que semejante deterioro no conmueve al "profesor", asaltante de comisaría, funcionario y piquetero todoterreno Luis D'Elía quien, además de cobrar mucho dinero del Estado (que pagamos todos), confesó haber traído un millón de dólares de Cuba o Venezuela para sus tareas de incitación al odio y demostró en varias oportunidades ser un aliado incondicional de la teocracia iraní, sin importarle la discriminación que allí se aplica a las mujeres, el fusilamiento de homosexuales, la violación de elementales derechos humanos y la censura contra la libertad de prensa.

La pobreza en acelerado ascenso tampoco afecta a las aguerridas Madres de Plaza de Mayo, lideradas por Hebe de Bonafini, cuyos suculentos fondos también le llegan del Estado y otras fuentes. Son fondos importantes que administra la ex ministra Felisa Micelli, famosa por su cartera llena de dinero escondida en el cuarto de baño, y el joven Sergio Schoklender, quien es un evidente adicto al mandamiento que ordena respetar a los padres, y fue detectado en las suntuosidades de Carmelo, sobre la costa uruguaya.

Los "queridos guerrilleros" de Hebe de Bonafini, que aún no pueden usar las armas que ella querría darles, seguirán siendo menesterosos o se convertirán en delincuentes, porque seguro que no les enseñan los conceptos del Mahatma Gandhi o de la Madre Teresa. Los niños y jóvenes del fascio –los célebres "balilas" de Mussolini– secretamente amaban la muerte como escapatoria. Igual que los nazis, igual que los fundamentalistas islámicos que ella elogia, sin olvidar los encomios que ha derramado sobre los criminales de la ETA y que ahora le impiden hacer turismo en España.

Monseñor Ramón Dus, obispo de Reconquista, a 325 kilómetros de la capital provincial, advirtió sobre los horribles problemas sociales que vive el norte de Santa Fe, donde reina una insoportable inseguridad acompañada por una "ola de suicidio de jóvenes" con un fuerte crecimiento de barriadas pobres. Esta denuncia revela que las tragedias que se difunden con mayor impacto desde el Gran Buenos Aires por la centralidad de muchos medios de comunicación han extendido su lobreguez, como un sudario, por todo el territorio de la nación.

Entre el 26 de abril y el 2 de diciembre de 2008 se registraron más de treinta suicidios que desconcertaron a Reconquista, pero que también la sumieron en un estado de alerta. Por ese motivo, la Dirección de Salud Mental de la provincia trasladó a sus principales funcionarios al norte santafesino para discutir con instituciones, ONG's y profesionales especializados el escalofriante panorama. "Aquí, cuando hay tensiones graves, la gente busca la voz de la Iglesia. Por lo tanto, nos sentíamos urgidos de decir una palabra", manifestó Dus. Aseguró que no pretendía ser alarmista, pero que "hay signos que nos preocupan mucho", porque "con el contexto nacional e internacional que estamos viviendo no se perfila una salida esperanzadora".

"Vivimos una situación de extraordinaria inseguridad, como en otros lugares del país. Me tocó visitar el presidio y la falta de un juez federal hace que muchas causas estén detenidas." ¿Considera que los gobiernos provincial y nacional no brindan una adecuada atención a la zona?, le preguntó un periodista. Monseñor Dus contestó: "No nos sentimos olvidados, pero nuestros representantes tienen que poner un ojo sobre este norte con una mirada más larga, a mediano y largo plazo, para que haya una posibilidad de crecimiento".

A esta denuncia debe agregarse que continúan las muertes de niños por hambre. ¡En la Argentina de la leche y de la miel! Mueren ocho niños menores de cinco años ¡por día! La causa: desnutrición, sólo desnutrición. Este dato oprobioso fue suministrado por Juan Carr, líder de la Red Solidaria y miembro del Centro contra el Hambre que depende de la UBA. Es decir, no se trata de un opositor al gobierno.

No es el único que aplicó semejante latigazo. Abel Albino, de la Cooperadora de Nutrición Infantil (CONIN), entidad reconocida dentro y fuera de nuestras fronteras, afirmó que la desnutrición es un telón de fondo muy grave y por eso no se muestra en las estadísticas oficiales. Sus cifras conforman un ominoso "subregistro de la desnutrición", porque cuando muere un niño no se anota la real causa de su defunción y por lo general se lo atribuye a un paro cardiorrespiratorio o un broncoespasmo.

Seis millones de chicos y adolescentes integran hogares donde no es posible llenar la canasta básica. Seis millones. Y otros tres millones viven peor, sin canasta, en desnudo estado de indigencia. La mitad de estos menores habitan en el Gran Buenos Aires, bastión manejado desde hace décadas por el movimiento peronista *que combate el capital* y promete –en sus diversas y amnésicas manifestaciones transformistas– reinstalar la opulencia de un pasado mítico, apelando a sus punteros, piqueteros, gremialistas, intendentes eternos y la manipulación siniestra de mentes atontadas por la propaganda, la droga o la desnutrición. ¡Pobre patria mía!

El Mapa del Hambre no puede recurrir al abollado INDEC, pero consiguió revelar que hasta ahora 1.422 poblados sufren la plaga de la desnutrición, con 300.000 familias sin acceso a una alimentación elemental, básica. Los aportes públicos y privados ya bajan los brazos, porque muchos no llegan debido a razones que mejor ni quiero mencionar, pero vos, lector, intuís.

Produce retortijones que este horror suceda en la Argentina, un país que podría alimentar a varios. Y que si no lo hace, es por una imperdonable ineficiencia política. Ineficiencia. La dirigencia nacional se ha jactado con gritos y sonrisas del gran crecimiento económico "a tasas chinas", según el deslumbrante y ejemplar "modelo" K. Pero esta miseria es el resultado de ese "modelo", que hasta ahora sólo arrimó fortunas al círculo de amigos y secuaces de colmillos largos.

No obstante, igual a una comedia de equívocos, algunos intelectuales de cierto fuste niegan la existencia de la inseguridad, atribuyéndola a "exageraciones políticas de la derecha". ¿Con los años provocarán risa? ¿Serán un libreto de comedias desopilantes? Alguien a quien aprecio (o apreciaba), el filósofo Ricardo Forster, firmó una Carta Abierta que debe estar provocando la caída de dientes a muchos de los que adhirieron a ese zafarrancho por el bruxismo que les genera la vergüenza. Ese grupo patentó el vocablo "destituyente", para descalificar cualquier crítica al innoble timonel que conduce nuestro país.

Forster ha escrito con inspiración que "en torno a la inseguridad se movilizan ahora los recursos materiales y simbólicos de una derecha que busca motorizar los reflejos regresivos de la sociedad". ¡Qué frase! Enseguida agregó, con índice eléctrico: "La agenda de los medios es recurrente y cíclica... regresan a la escena cuando es necesario atizar la insoportable sensación (¡dijo "sensación"!) de una inseguridad creciente que se asocia, en el imaginario colectivo, incentivado por los lenguajes mediáticos, con el miedo". En un encaje fraseológico de admirable longitud añadió: "La sobrexposición mediática de fenómenos de violencia e inseguridad apunta a debilitar las acciones que tienden a buscar caminos alternativos a los de la mera represión pero, fundamentalmente, buscan solidificar el miedo en las capas medias, amplificando su deseo de mayor control y punición, al mismo tiempo que van profundizando las marcas del prejuicio y el racismo allí donde casi siempre la violencia y la inseguridad son consecuencia, según ese relato hegemónico, del vandalismo de los sumergidos, de los habitantes de esas 'ciudades del terror' que se multiplican alrededor de los 'barrios decentes'".

Su texto se torna más explícito al enseñar que "esa derecha se ve reflejada en el discurso periodístico, que no ha dejado de ser cómplice de los dueños del poder, tanto en épocas dictatoriales como democráticas. Sus espasmos histéricos y amarillistas, sus groseras simplificaciones al servicio de esa otra derecha efectivamente activa en los nudos del poder económico y político (*¡Forster olvida que en esos nudos están metidos hasta la médula los actuales dueños del poder y su círculo de amigos, que incluso han*

comprado numerosos medios de comunicación masiva!),
que ha financiado siempre el lenguaje falaz y em-
pobrecedor de esos medios mientras se desgarran
las vestiduras ante cualquier censura a la 'libertad
de expresión'... El miedo es, hoy, un aliado inme-
jorable para profundizar el giro a la derecha".

Un dramaturgo de la estatura de Aristófanes,
que supo burlarse como nadie de los sofistas, hubiera citado a Ricardo Forster, porque tiene una fi-
losa habilidad para atribuir a la demonizada, omnipotente y ubicua derecha una peste que ven
hasta los ciegos, ¡y que no es de derecha ni de izquierda! El periodista Edi Zunino, que no puede
ser acusado de derechista, le pregunta qué pretende: ¿pretende que el periodismo no informe
que acribillaron al ingeniero Barrenechea delante
de su familia? ¿O que fusilaron a Rolo González en
Bernal? ¿O a Claudio Rosujovsky en San Miguel, a
la vista de medio mundo? ¿O a Emiliano Sonnen-
feld en Del Viso? Agrego yo: ¿quiere que todo eso
se silencie como en los tiempos de la dictadura,
cuando la prensa no podía denunciar secuestros,
allanamientos, desapariciones y asesinatos? ¿Eso
quiere, eso extraña? Zunino también le pregunta
por qué no expone al menos uno de los "caminos

alternativos" en vigencia contra la inseguridad, que es una industria en pleno desarrollo y sobre la cual no se difunden estadísticas oficiales, ni siquiera del mentiroso INDEC. También pregunta por cuáles calles transita este filósofo sin miedo. Si fuese verdad que con cinco años de matrimonio K "la derecha ha logrado captar el alma de gran parte de la sociedad", ¿no sería bueno que, como filósofo, les arrimara un ensayo de autocrítica a su fracaso, en pos de mejorar la gestión? Por último le descarga un consejo oportuno: "Paren un poco con eso de derecha e izquierda, muchachos, que ya huele a encierro académico. ¿Dónde vieron un país serio sin política de seguridad?"

Carmen Argibay, ministra de la Suprema Corte, criticó al gobierno por sus políticas sobre la minoridad y el delito. Contra la opinión de los "garantistas", frenó la liberación de sesenta chicos delincuentes internados en un instituto de menores. Muchos no la entendieron y se alzaron contra esa "insensible" jueza. Pero ella, sin pelos en la lengua, denunció que hay cafishos que los mandan a robar y matar. Los explotan porque son menores. Y agregó: "¿Acaso no hay gatillo fácil? Todo el mundo lo sabe. Y gatillo fácil tiene gran parte de la policía.

Infiero que casi todos estos pibes están marcados. Unos trabajan para la policía y ésta los protegerá hasta que alguno abre la boca; en cuanto la abre, lo matan".

Todo eso es cosa de la satánica derecha, ¿verdad, estimado Forster?

La criminalidad que ronda día y noche por el Gran Buenos Aires sólo es ficción. Tampoco debe ser cierto que un profesor de gimnasia recibió un balazo mortal al querer impedir que un par de adolescentes robaran el auto de su esposa. Más tarde pereció un comerciante en Temperley al quedar encerrado entre los tiros de policías y malvivientes. Un trabajador fue apuñalado en Lomas de Zamora porque el asaltante consideró que "le había faltado el respeto" al tirar al suelo la mochila que pretendía robarle. Un policía cayó acribillado por la espalda por su condición de "vigi" –palabra de la jerga carcelaria– cuando pretendió frustrar un asalto en Loma Hermosa. Fue asaltada la UIA por un grupo sofisticado. Siguen impunes las proezas del violador serial de la Recoleta. Son numerosos los asaltos a barrios privados, pese a la vigilancia que se ha establecido en todos ellos. El ministro de Seguridad bonaerense admitió que "algunos hechos desgraciados no tienen lógica". Van cayendo a balazos jóvenes y nobles policías. Pero, ¡bah!, peores historias hay en las películas. Deben ser películas de la derecha.

Hubo marchas multitudinarias contra el aumento de la inseguridad y se formaron organizaciones vecinales para enfrentar la peste, se ha insertado en Internet el mapa del delito en la provincia de Buenos Aires, se trata de identificar y denunciar a los vendedores de paco (una prueba indiscutible de que la cocaína se fabrica en grandes cantidades frente a nuestras narices). En el barrio de Balvanera se puso en marcha la imaginativa propuesta de usar silbatos que alertan contra los arrebatos antes de que se consuman y, de esa forma, han conseguido ahuyentar a varios autores. Podría seguir, pero se hace largo.

Cierro con esto. La sociedad implora una acción integral. La implora, la exige. Ruega por una política de Estado edificada con la intervención de expertos: economistas, sociólogos, juristas, psicopedagogos, policías y muchos otros que podrían diseñar un programa de largo plazo, consensuado y firme, que ponga barreras eficientes a la inseguridad, sin ideologismos.

Venimos soportando un lustro de perpetua confrontación, desprecio, venganza, inequidad, abuso y grosería, sin advertir que nuestro país resucitó de la casi muerte que lo invadió a fines de 2001. En 2002, gracias a inesperados vientos de popa, más algunas medidas oportunas como la devaluación (hecha con defectos), el Diálogo Argentino y subsidios que debían ser transitorios (pero se convirtieron en un cáncer), las cosas mejoraron. El "yuyito" de la soja completó el milagro. Pero tomó el poder un autoritario y rencoroso Kirchner que llevó adelante una política errática, de pelea, odio y expulsión de capitales. Creó una *Kaja* sometedora y corrupta, violó las instituciones, se mofó del poder judicial, jibarizó el Congreso, saboteó el desarrollo de los partidos políticos e hizo trizas la estructura federal. Puso trabas a las exportaciones que dañaron por mucho tiempo la credibilidad de los mercados y le hizo perder al país reservas de petróleo y gas como nunca en su historia, pese a haber gobernado una provincia que vivía de las regalías producidas por esos bienes.

Su espíritu destructor fue disimulado por la transitoria bonanza económica: los electrodomésticos se podían comprar en 24 cuotas sin intereses y llegó un tsunami turístico atraído por la devaluación que había realizado Duhalde. Algunos, alarmados por la agresividad de Néstor, pensaron que bastaría con cambiar un populismo rústico y maleducado por otro más elegante. Pero no se daban cuenta de que jamás sería suficiente, mientras no se respetaran sin concesiones la Constitución y todas las leyes que contribuyen a la estabilidad jurídica. Tampoco será suficiente mientras no se ponga límites al Ejecutivo, cosa que no ocurre desde hace tiempo. Parecemos la Inglaterra anterior a su Revolución gloriosa en 1688, cuando se establecieron las bases de una democracia en serio basada en los límites del rey y se desataron las fuerzas creadoras de una sociedad libre y más segura, volcada a la producción.

Nunca el matrimonio K entendió que el mundo es una inmensa oportunidad, donde nuestros productos serían devorados con fruición. Que no daríamos abasto. Nunca entendió que se deben respetar los derechos de la propiedad privada porque, al revés de lo que suponía el desubicado Proudhon, constituyen la raíz de la riqueza y un estímulo al respeto por el otro y por uno mismo. Artistóteles demostró que "lo que es de todos, no es de nadie". La carencia de jerarquía de la propiedad privada permite el ingreso de la depredación. El famoso "modelo K", todavía oscuro, por lo menos deja entrever que ama la depredación.

Para atraer el inmenso ahorro argentino depositado en el extranjero y convencer a nuestros ciudadanos de que paren de fugar sus ganancias no hace falta la varita del mago Merlín. Sólo bastaría con leyes claras, sensatas, estables y confiables. Y un acatamiento irrestricto a la Constitución. Los impuestos deben bajar hasta convertirse en tributos racionales, sin la actual mentira de la "coparticipación federal". Los salarios deberían ajustarse a la productividad de cada empresa, como se hace en los países inteligentes: a más ganancias, todos ganan más, desde el gerente hasta el portero. A menos ganancias, todos ganan menos, desde el gerente hasta el portero. De esa forma los mismos trabajadores, capataces y gerentes se estimulan entre sí para cumplir sus roles, entrenarse y acceder a un mejor nivel de vida.

Debería realizarse una profunda reforma del Estado para que deje de ser una máquina de impedir, llena de funcionarios incapaces y aburridos, con una solución efectiva para la viveza criolla de ese ente llamado "ñoqui", tan costoso y estéril. Es preciso volver al brillo, a la calidad y a la buena remuneración de quienes transitan la carrera de la Adminitración Pública. Los políticos vienen y van, pero los funcionarios de carrera son quienes garantizan la continuidad de las políticas de Estado y quienes estarían mejor armados para impedir los zafarranchos de los delirantes que ingresan y pretenden comenzar de cero poniéndose una corona de laureles antes de merecerla.

En mis libros sobre la Argentina siempre dediqué las últimas páginas a las buenas noticias, aunque sean pocas o secundarias.

La mejor de todas es que hemos superado un cuarto de siglo de vigencia democrática. No la hemos perfeccionado de modo satisfactorio, como soñábamos al recuperarla con tanto júbilo. Cuando asumió Raúl Alfonsín gritábamos "¡Por diez años más!", como si fuese el lapso más ambicioso que podíamos pretender debido a los miedos que nos dejaron sucesivos golpes de Estado. No obstante, llegamos a los veinticinco años y seguro que tendremos muchos más. Ojalá que también sean mejores. Depende de nosotros, no olvidar ese detalle.

En estos años se cometieron profanaciones a la Constitución y a las leyes, hubo desperdicio de oportunidades y no se construyó una élite dirigente. Pero mantuvimos amplios márgenes de libertad, pese a los esfuerzos por limitarla y desfigurarla. Como dijo Eugenio Zaffaroni, con la democracia no se come –referencia a un discurso de Alfonsín–, pero en ella se puede protestar contra el hambre. Y también se puede protestar contra la decadencia educativa y sanitaria. Contra los abusos del poder. Contra la ineficiencia de los gobernantes. La democracia no elimina la corrupción, pero en ella se la puede denunciar y, a veces –pocas veces aún–, sancionar. Las dictaduras, en cambio, prohíben el reclamo, lo niegan o lo ocultan. Países autoritarios frenan la crítica y hacen desaparecer a los periodistas. Aquí se frena la crítica mediante la extorsión de la pauta publicitaria, amenazas directas o indirectas y la compra de los medios de comunicación por amigos del poder. Pero no en forma total.

Por suerte tampoco se ha restablecido la ley marcial o el estado de guerra interno o el estado de sitio, que funcionaron en períodos que podían haberse considerado democráticos porque eran regímenes que votó la ciudadanía. Ni siquiera los militares están sometidos a consejos de guerra sin derecho a la defensa.

De la denostada década pasada viene la ganancia de haberse eliminado el servicio militar obligatorio y que el jefe de la ciudad de Buenos Aires no sea elegido por el presidente. La famosa censura, que se metía con los filmes y cuanta publicación llegase a la calle –habría sido imposible la difusión de este panfleto–, ya es un recuerdo que a los jóvenes causa asombro. No se secuestran revistas ni se queman libros, aunque tengamos facultades donde estudiantes y dirigentes ideologizados no dejan ingresar a nadie que pueda expresarse de una forma "políticamente incorrecta" para su pensamiento único, como sería mi caso. No se allanan universidades por parte del gobierno, aunque persiste la moda deletérea de "tomarlas" para fines poco académicos. Ninguna minoría es objeto de persecución abierta y crece la convicción de que los actos discriminatorios deben ser sancionados.

El juez Zaffaroni, maniatado por sus concepciones garantistas nacidas en otro contexto, afirma que "cuando nos bajamos del vehículo de las instituciones nos enterramos en el fango del retroceso, en tanto que lo poco o lo mucho que avanzamos lo hicimos montados sobre carriles institucionales". Agrega que "es el momento de valorar las instituciones, no para adorarlas pues no son ídolos, sino para perfeccionarlas como herramientas del progreso social. Cuanto mejores sean nuestras herramientas, más eficaces y rápidas serán en lo mucho que nos queda por andar". Coincidimos, por supuesto. Coincidimos con firmeza.

Pero yo pregunto si él, como ministro de la Corte, no se sintió obligado a protestar contra los escupitajos a nuestras instituciones, en particular contra los artículos 29 y 17 de la Constitución Nacional. Tampoco hace referencia al espíritu de venganza y de confrontación impulsado por el gobierno que lo elevó a su importante cargo. Ni se refiere al incremento de la anomia que significa violar el derecho constitucional a la libertad de tránsito. La Corte Suprema tiene el sagrado deber de velar por el respeto a la Constitución. ¿Ha velado la Suprema Corte por el riguroso respeto de la Constitución?

Otra buena noticia. A fines de diciembre el gobierno porteño inició la demolición de un viejo edificio de tres plantas en el barrio de La Paternal, conocido como La Lechería y habitado por 1.200 personas en condiciones infrahumanas. Era un acto que iba a incrementar el odio contra quienes hacen cosas que molestan a sectores que se blindan en la victimización e impiden poner en marcha movimientos que conduzcan a una mejora, aunque duela el trayecto. Los vecinos no cesaban de insistir en el aumento de la inseguridad. En la década de los 80 esa villa empezó a crecer en forma acelerada hasta totalizar 300 familias, muchas de ellas sin agua potable ni cloacas, sumergidas en pasillos bajo una eterna oscuridad. Algunas vivían dentro de tanques de agua más o menos secos.

La demolición de La Lechería será total y, una vez retirados los escombros, se cercará el predio para evitar una nueva ocupación. El terreno es privado y sus dueños decidirán el futuro. En cuanto a los desalojados, el Gobierno de la Ciudad otorgó subsidios a 99 familias que no formaban parte de cooperativa alguna. Quienes tienen un hijo recibieron 20 mil pesos, quienes tienen 2 hijos 22 mil pesos y quienes más, 24 mil pesos. Además, se otorgaron subsidios a las familias que integran una cooperativa llamada "Buscando Espacios". Otras recibieron subsidios transitorios porque ya están construyendo sus propias viviendas. Los vecinos de la zona, junto con los ex habitantes del edificio a punto de sufrir derrumbes con trágicas consecuencias, celebraron la temeraria decisión de la Ciudad y ahora, estimulados por ese mecanismo que parecía imposible de poner en práctica, también solicitan una solución para las familias que viven junto a las vías del ferrocarril San

Martín y a las que la gente del barrio provee ropas y alimentos.

El conurbano bonaerense es una de las regiones más pobladas y miserables del país. Pese al castigo que sufren sus habitantes, se crearon universidades que, valga la paradoja, lucen franjas de buen funcionamiento, por lo menos en comparación con otras casas de estudio nacionales. Las universidades de Quilmes, Lanús, La Matanza, Tres de Febrero y San Martín han realizado películas que ganaron premios internacionales como *Iluminados por el fuego* de Tristán Bauer y *Las manos* de Alejandro Doria, además de obras de teatro y musicales. Muchas de ellas son producciones que se exportan a varios países y decenas de documentales se ven por TV. Esas obras han sido articuladas con la formación académica, a veces en los *campus* y otras en fábricas o galpones reconvertidos.

Recién con la recuperación de nuestra enclenque democracia empezó a tomar espesor la llamada "opinión pública". Así como antes la democracia era descalificada mediante los adjetivos "formal", "burguesa" o "popular" (aunque no tuviese nada de popular), la opinión pública era una abstracción que apenas latía en los círculos de élite. Fue una sorpresa que Alfonsín, a la cabeza de un partido que fue minoritario durante décadas, ganase las elecciones en 1983, apoyado por una difusa opinión pública que decidió convertirse en protagonista. Pero ni él ni los gobiernos que lo sucedieron conformaron sus expectativas y pagaron un alto precio. A ese precio se añade la tarifa de la ingratitud –sólida, permanente–, que he denunciado como un mal horrible de los argentinos, cuya expresión más repugnante ocurre en las dirigencias de los más diversos sectores.

Para la opinión pública los políticos son poco confiables, tramposos y mezquinos. Por debajo de ellos ubica a los jefes sindicales. Más abajo rondan los pocos militares que quedan, impotentes aún de recuperar la imagen que degradaron en sucesivas dictaduras.

La ubicua, difuminada, tartamuda y contradictoria opinión pública, sin embargo, fue consolidando el anhelo por superar el sistema corporativo que infecta la atmósfera nacional y traba el crecimiento del país en su conjunto. Pese a reiteradas frustraciones, esa opinión pública sigue prefiriendo la democracia, aunque tullida, aunque profanada.

Otro logro es que no quiere la inflación; los teóricos que la elogiaban como un instrumento del bienestar perdieron audiencia. También detesta la falta de controles gubernamentales, la inseguridad, la corrupción y la ausencia de estabilidad jurídica. No sabe cómo dar una batalla eficiente. Pero es tarea de un programa simple y vigoroso que debe elaborarse con vistas a las elecciones legislativas de octubre. Estas elecciones serán una bisagra que puede generar un cambio de tendencia, de la misma forma que sucedió a mediados del siglo XIX. Si el Congreso llegara a integrarse con figuras patrióticas y capaces, que pongan límites al Ejecutivo, fortalezcan la Justicia y den impulso a los controles, lo demás vendrá por añadidura.

Aún falta aprender a no seguir insistiendo con el fácil recurso de buscar culpables externos o "sinárquicos", según el lenguaje que se introdujo en los 70, y que permite hacer referencias seductoras pero inconducentes. Me refiero a la derecha, el neoliberalismo, la globalización, el imperialismo y cuanta vibrante palabreja se pone de moda. Ese mecanismo es perverso porque bloquea la identificación de nuestros verdaderos errores y demora el hallazgo de una fértil ruta alternativa.

De todas formas, da la impresión de que la opinión pública es más dinámica que muchos de nuestros dirigentes. Marca el humor y dibuja las tendencias. Quienes tienen el oído sensible pueden escuchar sus demandas y entonces volvería a producirse un reencuentro jubiloso, como el de 1983.

Hace tiempo escuché algo sobre "la amenaza de las tres C": crisis, caos y colapso. La experimentamos de forma rápida y atormentada a fines de 2001 y comienzos de 2002. La podemos volver a sufrir a un ritmo más lento o disimulado, pero no menos pernicioso. Debemos estar alertas y asumir en serio nuestras responsabilidades. Los dirigentes y los ciudadanos. Cada dirigente, cada ciudadano. El diseño de nuestro futuro depende de muchos factores, pero una vasta cuota se apoya sobre nuestros hombros. El sonrojo debe encender nuestras mejillas cuando cantamos "los laureles que supimos conseguir", porque no conseguimos ni una hoja en comparación con las muchas perdidas. A nuestra pobre patria la hemos tironeado hacia la decadencia. Una gran decadencia que algunos tienen aún la desfachatez de negar.

La crisis de 2001 no fue el producto de circunstanciales factores desfavorables externos, sino el corolario de muchas décadas en que dilapidamos riqueza, oportunidades y valores. Fue una crisis más de las numerosas que nos han azotado, tal vez la más gravosa. Nos arrastró hacia un caos que, por suerte, duró poco. Batimos récords con el número de presidentes que se sucedían como en una película de Chaplin. El abismo abría sus fauces. Pero la Argentina, infinita en recursos naturales y humanos, empezó a recuperarse antes de lo esperado por razones que no son el mérito de medidas geniales, aunque algunas como el Diálogo Argentino merecen nuestro reconocimiento. Poco a poco fuimos emergiendo de la caverna tanática. Pero nos dejamos arrastrar por nuevos errores.

Los he descrito en estas páginas. No son todos. Sin embargo, alcanzan para reflexionar, como lo hice mientras cincelaba cada palabra. Deberíamos poner fin a la indignidad de la indiferencia y el dejar pasar. Deberíamos abrazarnos a las instituciones, recuperar nuestro patriotismo, buscar caminos de confluencia, acatar la ley, honrar los contratos, exigir transparencia, apreciar el mérito, respetar al otro. Es la única forma de evitar que nuevas crisis y el mefítico caos nos empujen a la tercera C: el colapso.

Cierro con mi homenaje a Manuel Belgrano, uno de los próceres más queribles de nuestro panteón nacional. Le debo el título de este panfleto. Se dice que antes de expirar, agobiado por el triste panorama que ofrecía nuestra flamante república, exclamó: "¡Pobre patria mía!". Belgrano era un hombre generoso, culto y responsable. Además de su pulido castellano, dominaba inglés, italiano, francés y latín. Releía a Montesquieu, Jovellanos y Adam Smith. Se había desempeñado como académico en España. Sabía hacia dónde era preciso orientarnos. Pero no se lo escuchó. Los argentinos tenemos la desgracia de no escuchar y a menudo ni siquiera ver. Por eso su frase resuena como un patético trompetazo. Por eso debemos recordarla y hacer todo lo que esté a nuestro alcance para revertirla.